MINIMALISMO

O Guia Para Viver Uma Vida Excelente E Libertar A Sua Casa E A Sua Vida De Tralhas

(Tudo o que você precisa saber sobre uma casa organizada benefícios rapidamente)

Joe Lett

Traduzido por Daniel Heath

Joe Lett

Minimalismo: O Guia Para Viver Uma Vida Excelente E Libertar A Sua Casa E A Sua Vida De Tralhas (Tudo o que você precisa saber sobre uma casa organizada benefícios rapidamente)

ISBN 978-1-989837-75-7

Termos e Condições

De modo nenhum é permitido reproduzir, duplicar ou até mesmo transmitir qualquer parte deste documento em meios eletrônicos ou impressos. A gravação desta publicação é estritamente proibida e qualquer armazenamento deste documento não é permitido, a menos que haja permissão por escrito do editor. Todos os direitos são reservados.

As informações fornecidas neste documento são declaradas verdadeiras e consistentes, na medida em que qualquer responsabilidade, em termos de desatenção ou de outra forma, por qualquer uso ou abuso de quaisquer políticas, processos ou instruções contidas, é de responsabilidade exclusiva e pessoal do leitor destinatário. Sob nenhuma circunstância qualquer, responsabilidade legal ou culpa será imposta ao editor por qualquer reparação, dano ou perda monetária devida às informações aqui contidas, direta ou indiretamente. Os respectivos autores são proprietários de todos os direitos autorais não detidos pelo editor.

Aviso Legal:

Este livro é protegido por direitos autorais. Ele é designado exclusivamente para uso pessoal. Você não pode alterar, distribuir, vender, usar, citar ou parafrasear qualquer parte ou o conteúdo deste ebook sem o consentimento do autor ou proprietário dos direitos autorais. Ações legais poderão ser tomadas caso isso seja violado.

Termos de Responsabilidade:

Observe também que as informações contidas neste documento são apenas para fins educacionais e de entretenimento. Todo esforço foi feito para fornecer informações completas precisas, atualizadas e confiáveis. Nenhuma garantia de qualquer tipo é expressa ou mesmo implícita. Os leitores reconhecem que o autor não está envolvido na prestação de aconselhamento jurídico, financeiro, médico ou profissional.

Ao ler este documento, o leitor concorda que sob nenhuma circunstância somos responsáveis por quaisquer perdas, diretas ou indiretas, que venham a ocorrer como resultado do uso de informações contidas neste documento, incluindo, mas não limitado a, erros, omissões, ou imprecisões.

Índice

Parte 1 1

Introdução 2

Por Que Abraçar O Minimalismo... 2

Implementando O Minimalismo Na Sala De Estar 5

DETERMINAR SEU OBJETIVO 5
RETIRE TUDO QUE NÃO É NECESSÁRIO 6
MANTENHA SEM A BAGUNÇA 6
INFORME A TODOS 7
SEPARE AS COISAS QUE VOCÊ REMOVEU 7
REORGANIZE A MOBÍLIA 8
COMBINAR COM O ESQUEMA DE CORES MINIMALISTA.................... 9
MANTENHA A DECORAÇÃO SIMPLES.. 9
USE ESPELHOS 10

Implementando O Minimalismo Logo Na Entrada............. 13

Implementando O Minimalismo No Banheiro 14

DESBAGUNÇANDO O BANHEIRO 14
LIMPEZA PROFUNDA 16
REFORMAS... 16
PINTURA.. 17
ACCESSORIOS 18
MANTER AS SUPERFÍCIES LIVRES 19
MANTENHA SEU BANHEIRO LIMPO.. 19
COLOQUE DE VOLTA OS OBJETOS NOS LUGARES CERTOS 20

Implementando O Minimalismo Nos Quartos 21

PREPARE TUDO 21
ENCONTRE UM PONTO DE PARTIDA 21
MERGULHE NAS GAVETAS 22
REORGANIZE OS ITENS RESTANTES 22

ENFRENTE SEU ARMÁRIO 23
COMPRAR QUALIDADE 25
DEFINA LIMITES 25
CONSTRUA SEU PERSONAGEM 26

Implementando O Minimalismo Na Garagem E No Sótão . 27

DECIDA COMO VAI SE LIVRAR DO QUE NÃO PRECISA 27
SEPARE POR CATEGORIA 28
DIVIDA O ESPAÇO EM ÁREAS 28
DECIDA PARA O QUE MAIS VOCÊ VAI USAR ESSE ESPAÇO 29

Implementando O Minimalismo Na Cozinha 30

ORGANIZAR SUA COZINHA 30
ORGANISE OS OBJETOS 32
EMBAIXO DA PIA 34

Conclusão 36

Parte 2 37

Introdução 38

Capítulo 1 –O Reino Minimalista 49

Capítulo 2 –Os Benefícios Do Minimalismo 54

Capítulo 3 – Como Começar 57

Capítulo 5 –A Casa Minimalista 60

Capítulo 6 –A Cozinha Minimalista 70

PRINCIPAIS ELETRODOMÉSTICOS 72
ITENS ESSENCIAIS 73
ITENSQUEDEVEMSEREVITADOS 81
SUGGESTION NOTE: ORIGINAL SENTENCE IN ENGLISH:ITEMS TO AVOID
.... 81
FOR A CLEARER MESSAGE, I SUGGEST CHANGING TO:ITEMS THAT
SHOULD BE AVOIDED 81

Capítulo 9 – O Quarto Minimalista 132

Recomeçar 132
Tesouro, Transferência Ou Lixo 134
Mantenha As Superfícies Limpas 138
Módulos 140
Limitações 141

Capítulo 10 - Conclusão 150

Por Um Bem Maior 150
O Estilo De Vida Minimalista 152

Parte 1

Introdução

Vivemos em um mundo que nos condiciona a pensar que "mais" é melhor e que "o maior" é sempre o melhor. O minimalismo é frequentemente considerado como uma extremismo, uma moda estranha que procura limitar suas escolhas. No entanto, como você já deve ter descoberto, "mais" costuma significar apenas mais confusão e maior tem pouco a ver com qualidade. Na verdade, você precisa de muito menos coisas do que consegue admitir. O minimalismo é uma arte japonesa que procura organizar todos os aspectos da sua vida, para que sobre tempo (em geral, muito tempo) para gastar nas coisas realmente importantes e significativas para você.

Este livro procura abordar a importância de abraçar um estilo de vida minimalista e como desbagunçar (organizar) sua casa para que você possa aproveitar os benefícios de uma casa arrumada.

Por que abraçar o minimalismo

Com a necessidade de ter mais coisas, você pode facilmente sentir-se mal porque não tem mais e isso pode facilmente levar você a uma vida dominada pelo estresse. Você sabe, porém, que pode se beneficiar muito simplesmente vivendo um estilo de vida minimalista. Quando falo em viver um estilo de vida minimalista, não estou querendo dizer que você precisa vender tudo e passar a viver com quase nada. Não, não é isso que quero dizer. Simplesmente, quero dizer que você deve avaliar sua vida e sua casa de forma crítica, sem nenhuma emoção, e se livre de todas as coisas que não agreguem valor a você. Depois de fazer isso, você desfrutará dos vários benefícios do minimalismo. Entre outros:

Você economiza tempo – muito tempo. Tempo que você gastaria desnecessariamente procurando por algo que você sabia que tinha guardado em algum lugar.

Você recupera seu tempo – o minimalismo libera o seu tempo, lhe dando mais tempo para gastar em suas paixões, sua saúde e sua missão na vida.

Você economiza energia — a energia que você gastaria limpando e mantendo coisas que você nem mesmo usa e levantando móveis de que você não precisa.

Você elimina sua insatisfação — uma organizada e ordenada sua casa e sua vida, você poderá encontrar satisfação em coisas que realmente importam.

Você economiza dinheiro e se livra das dívidas — o minimalismo impede você de comprar o que não precisa.

Sim, o minimalismo lhe dá a chance de experimentar alegria verdadeira em sua vida, tanto a alegria imediata quanto a felicidade a longo prazo. No entanto, decidir ir pelo caminho minimalista é uma coisa, começar a jornada é outra e pode ser esmagador, especialmente se você tiver muitas coisas em casa. Uma boa forma de organizar e ordenar sua casa é fazer isso cômodo por cômodo. Assim, você pode começar a ver os efeitos à medida que cada cômodo toma forma e isso traz motivação para continuar nos cômodo seguinte. O primeiro cômodo em que vamos trabalhar é a sala de estar.

Implementando o minimalismo na sala de estar

A sala é muitas vezes um cômodo que serve a vários propósitos. Felizmente, é também um dos maismais fáceis de organizar. Ao organizara e ordenar sua sala de estar, lembre-se de que um dos princípios da arte do minimalismo é desestimular o apego às coisas materiais. O apego material é o maior embaraço ao minimalismo: aprenda a desapegar-se do que não precisa. Para organizar sua sala de estar, você deve:

Determinar seu objetivo

A primeira coisa que precisa fazer é determinar **para que você usa sua sala de estar.** De uma finalidade mais pública, local onde recebe convidados, até o lugar onde sua família se encontra apenas relaxar ou até mesmo ter algum tipo de entretenimento, especialmente se você não tem uma sala separada para a família. Depois de determinar seu objetivo, pergunte a si mesmo se a sala reflete esse propósito. Pegue uma caneta e papel e anote as coisas que acontecem na sua sala de estar. Anote as coisas que não deveriam estar lá e tudo o que está lá que não é necessário.

Retire tudo que não é necessário

Depois de ter determinado o objetivo de sua sala de estar e anotado o que precisa permanecer nela, você precisa se livrar do que não é absolutamente necessário nesse cômodo. Pegue uma lixeira e coloque todas as coisas que não deveriam estar lá. Você vai descobrir que muitas coisas tendem a acabar na sala de estar. Coisas como revistas antigas, livros, CDs, brinquedos e até móveis. Livre-se deles. Neste momento, não se preocupe em determinar aonde as coisas devem ir. Ao invés disso, mantenha seu foco em removê-los da sala.

Mantenha sem a bagunça

Depois de determinar a função da sala de estar, esforce-se para mantê-la sempre em ordem. Por exemplo, se você jogar jogos de tabuleiro em sua sala de estar, certifique-se de que, ao terminar, tenha colocado tudo de volta em seu lugar. Não deixe bolsas, sapatos ou brinquedos na sala de estar, pois eles não são objetos dali. Se você mantiver em ordem toda vez que você acabar de usar a sala, não haverá acúmulo de objetos "estranhos" a ela.

Informe a todos

Assegure-se de que todos na família saibam qual é o objetivo da sala de estar e o que é permitido e o que não é permitido. Isso poupará você de muitos conflitos e fará com que todos participem da organização da sala de estar. Além disso, assegure-se de que cada um limpe e arrume quando terminarem de usar a sala de estar.

Separe as coisas que você removeu

O melhor é ter várias caixas à mão quando for separar as coisas que você retirou da sala de estar. Separe as caixas em três categorias (a) coisas que você pode reciclar, (b) coisas que você pode dar ou vender e (3) coisas que pertencem a outros cômodos. Dessa forma, você pode facilmente rotular as diferentes pilhas e enviá-las rapidamente ao lugar a que pertencem.

Minimalismo é mais do que apenas ordenar e organizar. É uma arte que precisa ser aperfeiçoada para viver mais com menos. A fim de alcançar o minimalismo em sua sala de estar, você precisa ordenar, organizar, reduzir a quantidade de mobília adotar um esquema de cores minimalista.

Reorganize a mobília

O próximo passo é reorganizar a mobília para que ela reflita o objetivo da sua sala de estar. Se o objetivo for relaxar e conversar com os membros da família ou convidados, assegure-se de que os móveis estejam de frente um para o outro. Uma coisa a notar sobre a sala de estar é que ela não precisa ter muitos móveis. A verdade é que, mesmo quando você tem uma família, nem todos sentam na sala de estar ao mesmo tempo. Separe os móveis que não são necessários e deixe apenas os móveis que você usa. Na verdade, uma mesinha de canto ou centro e um sofá costumam ser o bastante em termos de móveis para a sua sala de estar. Se usar um carpete, ele deve combinar com o resto da sala e ainda combinar com o esquema de cores minimalista.

Combinar com o esquema de cores minimalista

Outra maneira de alcançar o minimalismo em sua sala de estar é aderir ao esquema de cores minimalista. Minimalismo trata de menos e isso abrange as cores que você usa no teto, paredes, pisos e móveis da sala de estar. Não use mais de quatro cores diferentes na sua sala de estar. Suas paredes devem ter apenas uma cor e a cor dos móveis deve combinar bem com a cor das paredes e do teto. Cores contrastantes podem funcionar bem desde que usadas com sabedoria.

Mantenha a decoração simples

Minimalismo não significa falta de decoração. Na verdade, é uma arte em si e tem até obras de arte com base nele. Ele exige, contudo, que você minimize sua decoração e, ao invés disso, use uma ou duas peças que aumentarão a beleza da sua casa. Remova todas as decorações da parede e, em seguida, escolha uma que se destaque na sala. Uma grande pintura ou obra de arte deve funcionar muito bem. Tente encontrar um trabalho de arte minimalista, que reflita sua escolha de viver uma vida simples. Da mesma forma, em vez de deixar uma mesa vazia, você pode colocar uma flor em um vaso sobre ela.

Use espelhos

Os espelhos refletem e dão a ilusão de que o espaço é maior do que realmente é. É essa ilusão artística que funciona tão bem em salas de estar minimalistas. Os espelhos fazem uma sala de estar com mobília mínima para parecer brilhante e convidativa.

Depois de organizar, reduzir a mobília e coordenar a cor da sua sala de estar, você deve se esforçar para permanecer fiel à arte japonesa de simplificar sua casa, mantendo-a simples e limpa. Não encha faça bagunça no chão da sua sala de estar nem "esqueça" objetos na mesinha. Se tiver uma televisão na sala de estar, coloque-a onde ela não seja um obstáculo e assegure-se de que combine com o resto da sala de estar. A cor preta geralmente funciona bem e combina com o resto dos móveis.

Minimalismo não é uma subtração, mas uma adição que permite que você preste atenção ao que realmente importa na vida. Depois de ordenar e organizar sua sala de estar, você pode respirar mais fácil sabendo que não terá as distrações desnecessárias que impeçam aproveitar ao máximo o tempo com sua família e amigos. Use a sala de estar para encontrar a alegria na interação humana face a face. Em resumo, reduza as posses materiais e realce as relações humanas. Ao construir relacionamentos mais profundos e significativos, você vai adquirindo naturalmente mais alegria de viver e reduzindo o nível de estresse.

Mas, veja: a sala de estar não é o único lugar onde você pode empregar a arte do minimalismo. Você pode aplicar o minimalismo a outros espaços da casa.

Uma dessas áreas é a entrada (hall, corredor) que leva à sala de estar.

Implementando o minimalismo logo na entrada

A entrada é um espaço em sua casa pelo qual você tem que passar no caminho para dentro e para fora. É o que você recebe quando chega em casa depois de um longo dia de trabalho. Como tal, deve refletir o tipo de estilo de vida que você vive – o estilo de vida minimalista. Muitas pessoas acabam colocando sapatos, casacos, chapéus e até mesmo guarda-chuvas na entrada. Evite fazer isso, pois uma impressão de desordem é inevitável e nunca é agradável chegar em um ambiente com aparência de bagunça logo na entrada. Há vários móveis com design japonês que têm uma prateleira de sapatos embutida, onde os visitantes podem facilmente colocar seus sapatos quando entram. Isso mantém o piso organizado. Arranje um espaço para colocar sapatos, casacos e guarda-chuvas dos visitantes, mantendo assim sua entrada em ordem.

Implementando o minimalismo no banheiro

Você passa um bom tempo no seu banheiro todos os dias e, como tal, faz todo o sentido organizá-lo e deixá-lo limpo e convidativo.

Desbagunçando o banheiro

Quando começar a por ordem no banheiro, você ficará surpreso com quantas coisas que você já dava como irremediavelmente "perdidas" são encontradas lá. Você pode encontrar recipientes e rolos vazios, produtos de beleza e remédios que você não usa mais ou vencidos, brincos sem parceiros, sapatos e outros itens que não têm o que fazer no seu banheiro. Para organizar seu banheiro, você deve:

1. Arrumar tempo

Quando decidir organizar seu banheiro, marque um horário para isso. Decida quanto tempo você gastará nessa tarefa. Quinze minutos ou menos deve ser suficiente para uma vista d'olhos geral nos objetos. Não gaste um dia inteiro, pois isso pode ser contraproducente. Quanto mais demora um trabalho, mais tedioso parece. Usar um temporizador também vai permitir que você responda bem rápido e com sinceridade se precisa de um determinado item em seu banheiro: você não tem tempo para pensar sobre isso.

2. Ponha cesto, bolsa e lixeira prontos

Você precisa de vários sacos ou caixas quando você está ortganizando. Isto evita que você faça um trabalho duplo, uma vez decidido que não precisa de certos itens no banheiro. Um cesto pode ser usado para colocar todas as toalhas, pois precisam ser lavadas. Uma lixeira será útil para jogar direto no lixo os itens que deseja descartar e uma bolsa será útil para colocar todos os itens que são de outros cômodos.

Agora que você organizou seu banheiro, o que vem depois? Você precisará fazer várias coisas para se manter fiel a um estilo de vida minimalista.

Limpeza profunda
Depois de ordenar seu banheiro, você precisa se envolver em uma limpeza profunda. Isto lhe dará uma imagem clara do ambiente e permitirá que você decida com clareza as cores e superfícies, a fim de ver o que resta a ser feito para alcançar uma atmosfera minimalista. Além disso, é muito mais fácil limpar profundamente quando você está organizado, já que não precisa mover muitos objetos ao limpar. Você também estaria ansioso para ver como seu banheiro vai sair depois de ordenar e limpar.

Reformas
Depois de ter organizado e seu banheiro estiver limpo, você pode ver o que precisa ser feito para torná-lo melhor. Uma forma de melhorar seu banheiro para refletir o estilo de vida minimalista é empregar a arte minimalista de fazer as coisas "desaparecerem". Os japoneses se destacam nessa forma de arte. Eles criam espaços ocultos, mas imensamente úteis ao minimalismo. Você pode criar armários escondidos por um espelho para guardar

todos os itens do banheiro. Você pode criar gavetas que se misturam com as paredes para criar uma ilusão de espaço. Outra maneira de os japoneses alcançarem a arte do minimalismo é usar uma porta de vidro ou acrílico ao invés de uma cortina de chuveiro. O resultado é simplesmente incrível, pois isso tende a abrir seu banheiro de uma forma que uma cortina de chuveiro não consegue. O vidro permite a entrada de luz e, por sua vez, a luz ilumina o ambiente. Se você não conseguir reformar, você pode usar uma cortina de chuveiro branca em vez de uma colorida.

Pintura

As cores são importantes para os minimalistas, pois afetam a aparência do seu ambiente. Muitas cores denotam confusão e desorganização e você definitivamente não quer isso em seu banheiro. Use uma cor, de preferência branco, em todas as paredes e chão do banheiro. Se você não quiser usar branco (a cor é uma preferência, afinal de contas), você pode investir em uma cor brilhante, uma cor que faça o ambiente brilhar.

Accessorios

Existem várias opções no que se refere a acessórios em um banheiro minimalista. Tenha em mente que o minimalismo não condena acessórios; no entanto, adverte você para ser seletivo sobre o que você coloca em suas superfícies e paredes. No banheiro, algo como uma vela definitivamente daria ao seu banheiro uma certa graça. Você pode tentar usar velas perfumadas, mas como sempre, mantenha-as no mínimo. Quando se trata de toalhas, invista em toalhas brancas. Toalhas coloridas tendem a distrair especialmente se forem estampadas. Toalhas brancas, por outro lado, trazem aquela sensação de spa que envolve a serenidade.

Para manter-se em dia com um estilo de vida minimalista, uma vez terminada a "desbagunçagem", a super faxina e a reforma, faça de tudo para manter seu banheiro sempre assim. Você deve:

Manter as superfícies livres
Às vezes, especialmente quando estamos com pressa, é fácil usar as coisas e largá-las de qualquer jeito, ao invés de guardá-las. Isso, porém, vai lavando você lentamente ao hábito de deixar suas superfícies desordenadas – um oposto direto do minimalismo – e, em pouco tempo a bagunça voltará a reinar. Esforce-se para limpar as superfícies quando terminar de usá-las. Desta forma, será mais fácil manter o banheiro arrumado.

Mantenha seu banheiro limpo
Um banheiro sujo definitivamente não é uma coisa desejável e pode causar grandes constrangimentos, especialmente se você tiver visitantes que precisem usá-lo. Você precisa manter seu banheiro muito limpo para o refletir seu modo de vida minimalista. Isso não significa que você precisará de agentes de limpeza caros: os mais baratos fazem a mesma coisa. Em vez de comprar detergentes caros e produtos químicos de limpeza, você pode usar uma solução de bicarbonato de sódio para limpar suas superfícies. Isso minimizará

suas despesas de limpeza e ajudará você a se manter fiel ao minimalismo.

Coloque de volta os objetos nos lugares certos

À medida que pratica o minimalismo, você começará a descobrir que não se trata apenas de guardar as coisas. Trata-se de tudo ter seu próprio lugar. Você pode conseguir o minimalismo no banheiro, colocando as coisas de volta nos lugares que você criou para eles. No entanto, isso não significa que você precise ficar neurótico e dogmático quanto a isso. Por exemplo, você percebe que continua pondo um determinado objeto em uma determinada gaveta. Se esse for o caso, considere a possibilidade de movê-lo permanentemente para essa gaveta. Mas não seja rápido demais para mover itens apenas porque você está tendo alguma dificuldade para se ajustar. O minimalismo é uma arte e pode levar tempo para acertar, mas no devido tempo se tornará uma segunda natureza para você. Depois de ter coberto o banheiro, é hora de ir para o quarto.

Implementando o minimalismo nos quartos

Se existe um cômodo que beneficia muito com o minimalismo, é o quarto. O quarto é o seu espaço santuário do mundo exterior, um lugar para rejuvenescer e relaxar a mente. Uma vez que você adote o estilo de vida do minimalismo em seu quarto, descobrirá que as funções de se vestir, dormir e acordar ocorrerão de forma mais calma e pacífica, pois não haverá nada perturbando seu santuário. Para começar, elimine a bagunça do quarto. Siga os seguintes passos:

Prepare tudo

Antes de começar a organizar seu quarto, pegue tudo o que você precisa. Você vai precisar de uma lixeira, uma cesta e um saco para os itens que não devem estar no quarto. Coloque os três fora do caminho, mas onde você possa alcançá-los com facilidade.

Encontre um ponto de partida

Para se manter alinhado com a arte do minimalismo, comece a organizar passo a passo. Primeiro, os itens sobre as superfícies, como a mesa de cabeceira, e decida quais itens vão em qual grupo. Retire todos os livros, correspondências ou revistas que estejam perto ou na sua cama. Deixe todas as superfícies livres. Todas as roupas espalhadas devem ser colocadas no cesto.

Mergulhe nas gavetas

Quando terminar as superfícies externas, mergulhe nas gavetas. Remova tudo o que não pertence à gaveta. Jogue na lixeira tudo que precisa ser descartado e coloque tudo o que pertence a outro cômodo na bolsa. Remova todos os itens desnecessários com o mesmo zelo de minimalismo que usou em outros lugares.

Reorganize os itens restantes

Depois que tudo o que for do quarto tiver sido removido, você poderá organizar os itens restantes. Coloque os itens nas gavetas, de modo que você possa encontrar facilmente o que estiver procurando. Isso reduzirá enormemente o tempo gasto para encontrar alguma coisa.

Enfrente seu armário

Depois que acabar com as superfícies e as gavetas, chegou a hora de mergulhar em seu armário. O armário é sempre um espaço que precisa ser organizado. Para isso, você precisa abraçar completamente o que significa ser um minimalista. Naturalmente, nenhuma pessoa lhe dará uma lista estrita do que você precisa descartar e quais itens você deve manter. Isso é com você. Certifique-se de que usa regularmente todas as peças de roupa que decidir manter. Se tiver problemas para decidir o que manter e o que descartar, você deve:

1. Só fique com um

Uma sugestão para reduzir seus itens de vestuário é abraçar a regra do "só um de cada". A ideia é simples: tenha apenas um item de, por exemplo, vestido preto, cinto preto, par de tênis, bolsa. Decida quais são suas roupas básicas (coisas como saias e calças) e veja que outros itens podem combinar elas. Por exemplo, uma saia ou calça preta pode ir com quase qualquer outro item de roupa colorida.

2. Se não couber, livre-se
Não guarde nada que não caiba em você nem qualquer coisa que não tenha sido usada há muito tempo. Muitas pessoas tendem a se prender às roupas que costumavam servir, mas não fazem mais na esperança de que um dia elas caibam novamente. Não faça isso. Jogue fora, doe ou venda.

3. Limite suas cores
Vestir-se em poucas cores reduzirá bastante seus itens de vestuário. Normalmente, é provável que você tenha uma ou duas cores que você goste de usar. Por que não tornar isso oficial? Por exemplo, se você optar por usar cores vermelhas, pretas e brancas, poderá descartar itens de vestuário das outras cores com facilidade. No entanto, se achar isso difícil, você pode seguir outra rota para limitar o número de itens de vestuário. Por exemplo, você pode decidir ter dez camisas e cinco calças. O que quer que você decida, aferre-se à sua resolução.

Depois de ter conseguido simplificar seu quarto e seu guarda-roupa, mantenha-se fiel ao tema do minimalismo:

Comprar Qualidade

Uma das razões pelas quais as pessoas tendem a comprar itens de vestuário que não precisam ou itens de beleza que não usam são as liquidações. Você ouve que há uma liquidação em algum lugar e acha que está economizando comprando em quantidade. Em vez disso, você acaba com muitos itens de que você não precisa e que não usa. Você pode, por outro lado, optar por comprar qualidade em vez de quantidade. Isto reduzirá o tamanho do seu armário e se encaixa muito bem no seu estilo de vida minimalista.

Defina limites

Defina limites de quando você vai comprar e quanto você está disposto a gastar. O minimalismo incentiva a simplicidade em todos os aspectos da sua vida, o que inclui seu quarto e armário. Depois de limpar o armário dos itens desnecessários, estabeleça para si mesmo um limite de três meses, antes do qual você não comprará nenhum item de vestuário. Em seguida, limite seu dinheiro, de modo a comprar apenas os itens realmente necessários após o limite de tempo.

Construa seu personagem

Quando você desiste de tentar impressionar os outros com seu vestuário, você encontra aquela alegria interior que vem da associação com os outros não pelo que você tem, mas por quem você é. Deixe sua personalidade sair e aprenda a melhorar-se como pessoa. No entanto, ter menos roupas não significa andar desleixado. Mantenha suas roupas limpas e arrumadas e concentre-se em construir relacionamentos significativos com as pessoas.

Implementando o minimalismo na garagem e no sótão

A garagem e o sótão são frequentemente lugares que funcionam como depósito. Não um espaço de depósito arrumado, mas de alguma forma, acabam sendo um espaço onde se larga tudo o que não precisamos e tudo o que não usamos. Um monte de lixo acaba nesses lugares e isso é um grande não para qualquer minimalista. Se você tem um sótão ou uma garagem:

Decida como vai se livrar do que não precisa

Um dos desafios de arrumar e organizar o sótão ou a garagem é onde colocar tudo o que você não precisa. É por isso que você precisa definir pontos claros e caixas onde colocará as coisas, enquanto separa. Rotule as caixas ou sacolas (1) itens que você deseja manter, (2) coisas para jogar fora, (3) objetos para doar e (4) itens que deseja vender. Depois de ter feito isso, comece a separar e organizar. Isso pode demorar um pouco se você estiver trabalhando sozinho. Lembre-se de que a garagem e o sótão são geralmente locais muito bagunçados. Pense na possibilidade de pedir a alguém para ajudar você a arrumar.

Separe por categoria

Depois de ter classificado os itens que deseja manter, comece a separá-los em categorias. Você pode ter recordações antigas que não quer descartar, peças de roupa e outros itens que usa só em parte do ano (casacos pesados, por exemplo), itens como equipamentos de camping e outros, que você usa quando sai de férias, decorações de Natal etc. Assegure-se de que os vários itens estejam em suas categorias e que cada caixa em que você os colocou esteja claramente rotulada.

Divida o espaço em áreas

Usando as categorias que você criou, crie as áreas adequadas onde você guardará as coisas. Coloque as caixas da mesma categoria em uma mesma área. Desta forma, quando precisar de algo, você irá diretamente à área e procurará numa caixa devidamente marcada.

Decida para o que mais você vai usar esse espaço

Com bom planejamento e arrumação, um sótão ou garagem podem ser usados como uma sala íntima para a família, por exemplo. Isso exigirá que você arrume tudo de forma a não atravancar o espaço. Em seguida, crie uma área para sua família, tendo em mente o estilo de vida minimalista.

Como regra, mantenha apenas os itens que você precisa usar no sótão ou na garagem. Só porque você está usando para armazenamento, não significa que o espaço deve estar desarrumado. O minimalismo exige espaços limpos, claros e abertos, cheios de luz. Certifique-se de fazer isso em seu sótão e garagem.

Implementando o minimalismo na cozinha

O minimalismo é um modo de vida que pode realmente iluminar sua cozinha. A cozinha serve como o canal onde você prepara e serve comida. Conforme se movimenta, você deve ser capaz de encontrar o que precisa com facilidade para economizar tempo e garantir tranquilidade. Existem algumas coisas que você pode fazer para implementar o minimalismo em sua cozinha. Você pode:

Organizar sua cozinha

Ao longo dos anos, muita coisa encontra o caminho e o descanso final na cozinha. Estes são itens que você provavelmente não usa e ocupam espaço desnecessário na cozinha. O minimalismo cuida para você desapegar-se de tudo o que não precisa e isso pode serr feito arrumando e organizando. Você deve:

1. Jogar fora coisas quebradas

Itens quebrados ou lascados não têm o que fazer na sua cozinha. Sim, aquele objeto pode ter lhe servido bem ao longo de muitos anos, mas é hora de deixá-lo ir. Remova todos os itens com alças quebradas.

2. Livre-se de objetos sem tampas

À medida que separa os objetos, procure os potes que perderam as tampas e as tampas que perderam os potes. Estes são itens que só criam confusão na sua cozinha porque não podem ser usados sem o conjunto completo. Livre-se deles.

3. Remova duplicatas

Um jeito fácil de arrumar e organizar é se livrar de objetos duplicados. Se você tem dois alguma coisa, provavelmente não está usando um deles. Por que dois quando apenas um resolve muito bem?

4. Reduza os objetos

Se você tiver acumulado muitos objetos, tais como pratos, copos plásticos, xícaras, copos, colheres etc., reduza esses itens a um número razoável. Claro, você pode querer manter alguns a mais para quando tiver visitantes, mas não exagere no estoque. Por exemplo, você não precisa de três conjuntos de pratos para visitantes se você raramente recebe mais do que um casal.

5. Elimine o que você não usa

Existem vários objetos que você normalmente não usa. Talvez sido presentes ou compras que feitas em uma liquidação, mas você simplesmente não gosta de sua aparência ou acha que não combinam bem com outros itens. Livre-se deles.

Há objetos que acabam na sua cozinha, mas obviamente não têm função nela. Classifique esses itens e coloque-os em seus respectivos lugares.

6. Decida o que fazer com as coisas.

À medida que você organiza, vai descobrindo que há objetos que você pode vender ou doar, outros que você pode reciclar e outros que precisam ser jogados fora. Determine quais objetos entram em qual pilha e Dê o destino adequado.

Organise os objetos

Depois de decidir quais objetos permanecerão na cozinha, você precisará separá-los de acordo com a frequência de uso. Você pode colocar os itens de acordo com os que você usa todos os dias, os que você precisa usar uma vez ou duas vezes por mês e aqueles que você só põe em uso ocasional, como, por exemplo, datas especiais. Depois de classificar, separe em categorias como:

1. Objetos para preparação de alimentos.

Objetos que devem ser mantidos perto de onde você prepara a comida. Por exemplo, facas de cozinha, tigelas e tábua de corte. Você também pode ter misturadores ou liquidificadores. Certifique-se, contudo, de que os itens que ficam nessa área sejam apenass os necessários com frequência.

2. Objetos para cozinhar.

Você não precisa de muitos objetos para cozinhar em uma cozinha minimalista. Você só precisa dos itens que você usa para cozinhar a sua comida. Ponha objetos como panelas, utensílios, frigideiras e formas nessa categoria. Certifique-se de que estão por perto quando começar a cozinhar.

3. Pratos

Esta categoria deve incluir os pratos que você usa diariamente. Utensílios para comer que são mantidos nesta área são apenas os usados com frequência. O que não se usa com frequência, devem ser guardados em outro lugar para evitar confusão.

4. Objetos para comer

Existem objetos, como guardanapos, saleiros, pimenteiros e tigelas que são usadas com frequência quando você faz suas refeições. Coloque esses itens nesta categoria. Todos os objetos das diferentes categorias devem ser arrumados nas gavetas da cozinha. Se não tiver espaço adequado, considere armários sob medida.

Embaixo da pia

Muitas pessoas usam o espaço sob a pia da cozinha como um lugar para entulhar objetos de todos os tipos, misturando recipientes de plástico, material de limpeza e qualquer outra coisa que não cabe em gavetas ou armários. Dessa forma, o lugar acaba parecendo confuso e desarrumado, o completo oposto de uma cozinha minimalista. Você não quer isso. Em vez de enfiar as coisas de qualquer jeito, sente-se e decida qual função você gostaria de dar para esse espaço. Assim, você pode particioná-lo de acordo com a finalidade desejada e deixá-lo com uma aparência organizada e arrumada.

Conclusão

No que diz respeito ao minimalismo, arrumar e organizar a sua casa é apenas o primeiro passo para abraçar o estilo de vida minimalista. Este, todavia, é um passo vital, pois permite reduzir o que você não precisa e se concentrar no que é mais importante em sua vida. Ao dar este passo consciente para simplificar sua vida, você pode até mesmo se sentir oprimido pelas mudanças que precisa fazer. Mas isso não precisa sssim. Comece devagar e vá passo a passo. Tenha em mente que você é a única pessoa que consegue definir o espaço e que você é o único que consegue decidir o que manter e o que deixar ir.

Parte 2

Introdução

Quero lhe agradecer e felicitá-lo por baixar o livro.

Este livro contém etapas e estratégias comprovadas sobre como viver confortavelmente com pouco, em conformidade com o princípio do minimalismo. A noção de umaexistência básica, organizada, com menor número de posses, soa atraente para numerosas pessoas.

Suggestion note: Original sentence in English:"The thought of existing in a basic, uncluttered existence with smaller number of possessions sounds appealing to numerous people."

"The thought of existing + existence = this is redundant in Brazilian Portuguese.

I suggest changing to: "The notion of a basic, uncluttered existence, with fewer possessions, sounds appealing to numerous people.

Elas levam em consideração os valores de ter menos pertences, como menos endividamentos e estresse, menos para arrumar e organizar, e mais dinheiro e vitalidade para suas principais paixões. Elas estão sempre dispostas à limpar a bagunça, mas várias pessoas são rapidamente derrubadas quando começam a se questionar sobre uma forma precisa de como começar.

Suggestion note: Original sentence in English: "They have held consideration of the values of possessing fewer belongings, such as less debt and stress, less to tidy and organize, and more funds and vitality for their chief passions".

I suggest changing funds to money because in Brazil, funds is a word related to investments, such as stock exchange, for example.

Suggestion note2: Original sentence in English:"They remain ready towards cleaning the mess,but several people get swiftly tumbled upon the precise next query of how to commence".

The translation of these sentences into Brazilian Portuguese is very confusing.
I suggest changing to: They are always willing to clean up the mess, but several people are quickly overturned when they begin to wonder about a precise way to get started.

Além disso, as pessoas, frequentemente, começam a perceber que estão sobrecarregadas, preocupadas e concentradas em contornara desordem dentro de suas residências. Isso é muito triste, já que a jornada não precisa ser tão excruciante quanto algumas pessoas acham que é.

Suggestion note: Original sentence in English:"Moreover, people frequently kick off perceiving being overwhelmed, worried, and routed around the knowledge of fixing the clutter within their residences".
routed around is an American idiom that has no literal Brazilian translation. The verb that most resembles this expression

meaning and can replace it is "circumventing".

Therefore, I suggest changing to: "Moreover, people often frequently kick off perceiving being overwhelmed, worried, and focused on circumventing the clutter within their homes.

Suggestion note 2: Original sentence in English: "This is quite sad as the journey need not become as excruciating as certain people understand it to exist".

For a clearer message,I suggest changing to: "This is quite sad, as the journey need not become as excruciating as some people think it is".

Essencialmente, existe uma diversidade de pessoas que descobriram maneiras engenhosas e divertidas de começar. Se você organizar a simplificação da sua existência, ou contemplar a existência de forma mais clara, você pode estar além do que você contempla.

Suggestion note: Original sentence in English:"Essentially, there stands a diversity of persons who ensured coming up by some fairly fun, ingenious ways towards getting started".

"Come up" is a phrasal verb and it could have many meanings. By the paragraph's context, I think the best for substitution is "who have discovered".

The sentence would look like this: "Essentially there stands a diversity of persons who have discovered some fairly fun, ingenious ways towards getting started".

Em certas condições, as ações espontâneas de certas pessoas já são minimalistas, muito à frente de sua realização, é como se direcionam. Neste momento, o livro se torna conveniente. Através dele, você será capaz de discernir onde você está atualmente alinhado com o minimalismo e como avançar mais. Se você se encontrar longe da linha de partida, este livro irá ajudá-lo a seguir o caminho certo.

Suggestion note: Original sentence in English: "In certain conditions, the spontaneous actions of certain people stand already for minimalism long ahead of their realization that is where they are headed".
For a clearer message,I suggest changing to: "In certain conditions, the spontaneous actions of certain people are already minimalist, long ahead their realization, is how they are directed".

Suggestion note2: Original sentence in English: "Thus, this is when the book comes handy".
For a clearer message, I suggest changing to:"At this point, this book becomes handy"

Obrigado novamente por baixar este livro, espero que você goste!

Este livro tem como escopo fornecer informações exatas e confiáveis em relação ao tópico e assunto abordados. A publicação é vendida com o discernimento de que o editor não é obrigado a prestar serviços de contabilidade, oficialmente permitidos ou de outra forma qualificados. Se for necessário aconselhamento legal ou profissional, um profissional experiente na área de especialização deve ser consultado".

Suggestion note: Original sentence in English:"The publication is sold with the idea that the publisher is not required to render accounting, officially permitted, or otherwise, qualified services".
For a clearer message, I suggest changing "idea" to "discernment".

Suggestion note2: Original sentence in English:"If advice is necessary, legal or professional, a practiced individual in the profession should be consulted".

For a clearer message, I suggest changing to: "If legal or professional advice is needed, an experienced professional in the area of expertise should be consulted".

A partir de uma Declaração de Princípios que foi aceita e aprovada, igualmente pelo Committeeofthe American Bar Association (Comitê da associação do Tribunal Americano) e peloCommitteeofPublishersandAssociations (Comitê de Editores e Associações): De maneira alguma é legal reproduzir, duplicar ou transmitir qualquer parte deste documento em qualquer meio eletrônico ou em formato impresso. A gravação desta publicação é estritamente proibida e qualquer armazenamento deste documento não é permitido, a menos que haja a permissão por escrito do editor. Todos os direitos reservados.

Suggestion note:Committee of the American Bar Association: The most similar meaning of "bar" for this translation is court. In my research, I found an extensive Committees list on ABA's website and I suppose that the Committee that you are mention here should be "International Intellectual Property Committee". At this point, I need your help. I need you to tell me if it is right to translate American Bar Association as American Court Association, because if it's not, I'll not translate and I'll keep the original name.

As informações fornecidas neste documento são declaradas como verdadeiras e consistentes, na medida em que qualquer responsabilidade, em termos de desatenção ou de qualquer outra forma, por qualquer uso ou abuso de quaisquer políticas, processos ou instruções contidas é de responsabilidade exclusiva do leitor destinatário. Sob nenhuma circunstância qualquer responsabilidade legal ou culpa será imposta ao editor por qualquer reparação, dano ou perda monetária devida às informações aqui contidas, direta ou indiretamente.

Os respectivos autores são proprietários de todos os direitos de autor não detidos pelo editor.

As informações aqui contidas são oferecidas apenas para fins informativos e são universais como tal. A informação é apresentada sem relação contratual ou qualquer tipo de garantia.

Suggestion note: Original sentence in English: "The presentation of the information is without contract or any type of guarantee assurance".
For a clearer message, I suggest changing to:"The information is presented without contractual relationship or any type of guarantee assurance".

Não há consentimento para o uso de marcas registradas e permissão ou suporte do proprietário para publicar a marca registrada. Todas as marcas registradas e marcas contidas neste livro são para o único propósito de esclarecimento e pertencem aos proprietários, não afiliados a este documento.

Suggestion note: Original sentence in English:"The trademarks that are used are without any consent, and the publication of the trademark is without permission or backing by the trademark owner. All trademarks and brands within this book are for clarifying purposes only and are owned by the owners themselves, not affiliated with this document".

For a clearer message, I suggest changing to:There is no consent to the use of trademarks and permission or support from the owner to publish the trademark. All trademarks and brands within this book are for the sole purpose of clarification and belong to the owners, not affiliated with this document.

Capítulo 1 – O Reino Minimalista

Nós vivemos em um mundo governado pelo consumismo. Webster, define dessa forma:

"Uma ordem e ideologia social e econômica que estimula a aquisição de bens e serviços em quantidades cada vez maiores"

Isso significa que, em nossa sociedade hoje, ter mais posses equivale a mais sucesso e a uma maior estatura na vida. Bem, é isso mesmo? Ter cem coisas diferentes, carros caros e casas luxuosas definem quem somos? Talvez sim. De fato, não há nada inerentemente errado em ser rico. Você trabalhou duro por muitos anos, abriu mão de muitas coisas para chegar onde está agora e ninguém pode te julgar por isso.

Suggestion note: Original sentence in English:"You worked hard for years, gave up a lot to get where you are right now and no one can judge you for that".

"Give up" is a phrasal verb and it could have many meanings and I think that "relinquished" could replace it very well.

The sentence would look like this for a clearer message:"You worked hard for years, relinquished many things to get where you are right now and no one can judge you for it".

Minimalismo não é sobre ser pobre; este é um equívoco comum. Não se trata de morar em um lugar antigo e apertado. Minimalismo é uma ideia, uma ferramenta que pode ajudar alguém a encontrar a verdadeira felicidade e a liberdade. Isso pode significar viver com o mínimo de posses que você pode, ou cortar seus gastos e ser conservador com qualquer coisa que você comprar. Isso poderia significar organizar sua casa, se livrar de todas as coisas desnecessárias, ou poderia significar, tão simplesmente, ser organizado. No final do dia, cabe a você decidir como deseja definir o minimalismo ou como deseja incorporar o minimalismo em sua vida. Minimalismo, em seu sentido mais verdadeiro, significa ser feliz e contente com sua vida.

Suggestion note: Original sentence in English:It could mean decluttering your house, getting rid of all unnecessary stuff, or it could mean as simple as being organized.

For a clearer message, I suggest changing to: It could mean decluttering your house, getting rid of all unnecessary stuff, or it could mean, so simply, being organized.

Pode até ser considerado uma forma de arte, já que cada indivíduo tem uma maneira única de expressá-lo. Tão amplo e tão teórico quanto o minimalismo soa, existem maneiras concretas que você pode utilizar para começar a ser um minimalista.Minha intenção ao escrever este livro é apresentar o conceito e listar maneiras pelas quais você pode ser minimalista em todos os aspectos da sua vida. De maneira alguma, estou dizendo à você que tudo que eu menciono é a única maneira de fazê-lo. As ideias que você estará lendo decorrem da minha própria experiência e de outros minimalistas ao redor do mundo.

Suggestion note: Original sentence in English: "As broad and as theoretical as minimalism sounds, there are actually concrete ways you can do in order to start being a minimalist".

For a clearer message, I suggest changing to:"As broad and as theoretical as minimalism sounds, there are actually concrete ways you can use in order to start being a minimalist".

Suggestion note2: Original sentence in English: "My intention in writing this book is to introduce you to the concept and list out ways you can be one in all aspects of your life".

For a clearer message, I suggest changing to:"My intention in writing this book is to introduce you to the concept and list out ways you can be minimalist in all aspects of your life".

A geografia e a cultura desempenham um papel importante na personalidade de uma pessoa e também são responsáveis por moldar o tipo de minimalista em que você se tornará. Se todo este conceito é novo para você, então provavelmente será difícil no começo. Sendo assim, eu convido você a pelo menos experimentá-lo. Gradativamente, vai se tornar mais fácil e muito mais gratificante.

Suggestion note: Original sentence in English: "It will become easier and a lot more rewarding as you go".

For a clearer message, I suggest changing to: "Gradually, it will become easier and much more rewarding".

Capítulo 2 –Os Benefícios do Minimalismo

O minimalismo ajuda a eliminar o descontentamento em nossas vidas. Isso ajuda a simplificar a maneira como pensamos e como vivemos. Você começa a encontrar alegria em coisas inesperadas que você nunca imaginou serem possíveis. Os cientistas dizem que leva 66 dias para que um indivíduo crie um hábito. Minimalismo, embora seja um conceito, também é um hábito. Uma vez que nossas mentes tenham sido programadas para simplicidade, então tudo o mais acontece naturalmente.

Suggestion note: Original sentence in English: "Once our minds have been programmed for simplicity, then everything else follows".

For a clearer message, I suggest changing to: "Once our minds have been programmed for simplicity, then everything else comes naturally".

Você também descobrirá que terá mais tempo depois de ter dominado a arte do minimalismo. Coisas que preocupavam você antes, não estarão mais presentes, dando a você muito mais tempo para coisas mais importantes. Recupere o tempo perdido com sua família e entes queridos e faça as coisas que você pensou que nunca teria tempo para fazer.

Financeiramente, você também terá mais controle. Você aprenderá a gastar com sabedoria, apenas comprando coisas que são realmente essenciais e que realmente terão utilidade. Você vai perceber que as coisas que fizeram você feliz antes, só fizeram porque foram convenientes. Conveniência, que pra começar, você nem nunca precisou.

Suggestion note:Original sentence in English: You will learn to spend wisely, only purchasing things that are truly essential and which you will have a lot of use for.

For a clearer message, I suggest changing to:You will learn to spend wisely, only purchasing things that are truly essential and that will actually have utility.

Suggestion note 2: Original sentence in English: "You will realize that the things that made you happy before only did because it granted you convenience".
For a clearer message, I suggest changing to: "You will realize that the things that made you happy before only did because they were convenient".

Tudo isso, sem sacrificar sua felicidade.

Capítulo 3 – Como Começar

Quando estiver pronto para começar sua jornada, a primeira coisa que você perceberá é o quanto você acumulou com o tempo. Não se sinta sobrecarregado com isso, pode ser uma razão para você desistir de tudo. Dê pequenos passos e concentre-se em um aspecto de sua vida que você deseja corrigir primeiro.

Suggestion note:Original sentence in English:"Do not get overwhelmed as this might be a reason for you to drop the whole thing".

For a clearer message, I suggest changing to:"Do not feel overwhelmed by this, it might be a reason for you to give up everything".

Uma das citações mais famosas é:

"Roma não foi construída em um dia"

Podemos não estar construindo um império, mas poderíamos definitivamente aprender muito com essa simples declaração. Nos capítulos seguintes, discutiremos como você pode se tornar um minimalista em cada aspecto de sua vida. A ideia é não segui-las em ordem, mas escolher uma e dominá-la antes de passar para a próxima.

Suggestion note:Original sentence in English: "We might not be building an empire, but we could definitely pick-up a lot from this simple statement".

For a clearer message, I suggest changing to: "We may not be building an empire, but we could definitely learn a lot from this simple statement".

Todas as coisas mencionadas neste livro giram em torno de uma ideia principal - a praticidade. Sua jornada para ser um minimalista começa por transformar sua vida na prática. Eu vou te ensinar como eliminar a complexidade em todas as coisas que você faz e possui, de modo que tudo ao seu redor tenha um propósito único e definido. Ao ler o livro, você aprenderá a adquirir coisas que tenham mais de um uso, eliminando a redundância. Você também aprenderá a eliminar a desordem, diferenciando suas necessidades dos seus desejos. Depois de ter iniciado este processo, você perceberá que adquiriu:

Suggestion note:Original sentence in English: "You will also learn to eliminate clutter by differentiating your needs vs your wants".

For a clearer message, I suggest changing to:"You will also learn to eliminate clutter by differentiating your needs from your desires".

- Um monte coisas que você não precisa realmente.
- Coisas que você precisa apenas para uma situação específica, o que acontece muito raramente.
- Itens que têm o mesmo propósito de outro item que você já possui, mas que o faz mais rápido ou mais sofisticadamente.

Capítulo 5 – A Casa Minimalista

Já experimentou uma estranha satisfação e contentamento ao ver uma casa livre de bagunça? Acalma, é libertador e simplesmente agradável. Fazendo uma exposição mais profunda, aqui estão os benefícios de uma casa minimalista:
Suggestion note: Original sentence in English: "To expound further, here are the benefits of a Minimalist home":
For a clearer message, I suggest changing to: "Making a deeper exposure, here are the benefits of a minimalist home":

Conforto Visual
Suggestion note: Original term in English: "Less demanding". The literal translation of this term in Brazilian Portuguese is "MenosExigente".
"MenosExigente"means: someone who is not so strict about what is owed to him. As in the paragraph the author refers to organization's visual effects, I suggest changingto "Conforto Visual" = "Visual Comfort".

Tudo relacionado com a visão chama sua atenção e a desordem é um tipo de distração gráfica. Portanto, quanto menos lixo, menores as exigências visuais que experimentamos. Uma casa minimalista, portanto, é reconfortante.

Mais atrativa

Reflita sobre fotos de casas que são desordenadas e fotos de casas minimalistas. Aquelas que não têm quase nada nelas, com exceção de certos móveis adoráveis, pinturas agradáveis e adornos extremamente limitados, são as que atraem a maioria das pessoas. Você poderia tornar sua casa mais atraente, deixando-a altamente minimalista.
 Suggestion note: Original term in English: The ones having almost zilch in them, except for certain lovely furniture, nice paintings, and extremely limited beautiful adornments, are what appeals to most people.
For a clearer message, I suggest changing to:The ones having almost nothing in

them, except for certain lovely furniture, nice paintings and extremely limited decorations are what attract most people.
Suggestion note2: Original term in English: You could make your home more attractive by creating it highly minimalist.
For a clearer message, I suggest changing to:You could make your home more attractive by leaving it highly minimalist.

Serviço de limpeza mais fácil

Limpar uma sala inteira cheia de itens desnecessários é difícil, assim como varrer e aspirar em torno de um grupo de luminárias. Pense em quão livre de estresse é manter limpa uma sala simples e sem adornos em comparação com outra que contém uma centena de objetos nela.
Suggestion note: Original term in English: Think on how stress-free it is to make tidy a bareroom compared to another with a hundred objects in it.
For a clearer message, I suggest changing to:Think of how stress-free it is to keep clean a simple and without too much

adornments room compared to another that contains a hundred objects in it.

Isso é um exagero óbvio, mas é apenas para ilustrar a diferença entre os dois. Consequentemente, como uma casa minimalista parece? Uma casa minimalista varia dependendo do gosto do minimalista e da intensidade de suas crenças. Geralmente, uma casa minimalista é caracterizada por:

Suggestion note:Original term in English: Consequently, how does a minimalist home appear?

For a clearer message, I suggest changing to:Consequently, how does a minimalist house looks like?

1. *Acessórios mínimos*

Uma sala minimalista conteria apenas um número essencial e limitado de equipamentos. Um sala de estar, por exemplo, pode ter apenas um sofá, uma poltrona, uma mesa de café da manhã, uma estante de TV simples, sem prateleiras, uma TV pequena e algumas lâmpadas.

Suggestion note: Original term in English: "A family room, for instance, might merely have a sofa, another love chair, a breakfast table, a simple entertainment counter devoid of shelves, a little screen, and a few lamps".

"family room" – I know that for people in the US or UK there are some differences between "family room" and "living room". A family room is unless formal than a living room. A family room is for share moments withfamilyand a living room is a formal space for welcoming guests. However, here in Brazil only very rich people have both in their home. Here we usually do both in the same place, share moments with our family andwelcoming guests. We call it the living room.

Suggestion note2: Original term in English: "love chair"
"love chair" – The literal translation for love chair is "cadeira do amor".

"cadeira do amor" Brazilian Portuguese meaning:erotic accessory for having sex.
I suggest changing to: armchair

Suggestion note3: Original term in English:"entertainment counter"
We do not use this term in Brazil, the corresponding word to define this kind of furniture is TV stand.

Suggestion note4:Original term in English: "little screen".
Here we usually say "TV", not screen. Even that we know there it is a screen.

Pode até conter menos, como sofá, assentos e mesa de café da manhã. Um quarto poderia ter uma cama modesta ou igualmente apenas umcolchão inflável, uma escrivaninha e talvez um criado-mudo ou então uma estante de livros.

Suggestion note:Original term in English: "A boudoir"
"boudoir" meaning: a woman's bedroom or private room.

We do not use this term in Brazil, the corresponding word here is bedroom.

Suggestion note2: Original term in English: "air bed"
We do not use this term in Brazil, the corresponding word here is "inflatable mattress".

2. *Mantenha as superfíciesarrumadas*

Suggestion note3: Original term in English: "Clear exteriors" = "Exterioreslivres" (Brazilian Portuguese literal translation
"Exterioreslivres" Brazilian Portuguese meaning: the term is related to the house's exterior, such as garden or yard, for example.
For a clearer message, I suggest changing to: "Keep the surfaces tidy"

Em uma casa organizada, as superfícies niveladas permanecem livres, com exceção de um pouco de embelezamento.

Elas estão livres de bugigangas e, certamente, sem pilhas de papéis, livros ou itens semelhantes.

3. Decoração e acessórios práticos

Ser minimalista não significa não ter enfeites ou adornos. Há uma linha tênue entre uma casa minimalista e uma casa que é apenas maçante. Uma mesa de chá com um simples vaso de flores no meio é simples, mas elegante. Uma foto de família na borda da sua mesa de estudo, dá ao seu quarto um pouco de personalidade. Uma pintura sofisticada dá vida a uma sala sem graça. Estas são apenas algumas coisas que você pode experimentar. Não tenha medo de deixar sua criatividade correr solta.

4. Qualidade em vez de quantidade

Este conselho realmente se aplica não apenas à sua casa, mas também a tudo mais. Se você quiser minimizar seus itens, comece por ter a qualidade em vez da mentalidade de quantidade. Em relação às pinturas, por exemplo, você pode optar por adornar suas paredes com um monte de pequenas pinturas que você obteve de uma venda de garagem ou você pode comprar uma grande pintura sofisticada em que as cores realmente complementam tudo o que você tem em seu quarto. Essas pequenas pinturas que você comprou provavelmente não durariam tanto tempo e você acabaria substituindo-as, tentando encontrar outra coisa que se encaixasse melhor. A outra é elegante, e será a peça central da sua sala de estar nos próximos anos.

Suggestion note: Original sentence in English: "Take paintings for example, you can choose to adorn your walls with a bunch of small paintings you got from a garage sale or you can purchase one large sophisticated painting in which the colors actually complement everything else you have in your room".

For a clearer message, I suggest changing to: "Regarding the paintings, for example, you can choose to adorn your walls with a bunch of small paintings that you get from a garage sale or you can purchase a large sophisticated painting in which the colors really complement everything you have in your room".

Capítulo 6 – A cozinha minimalista

Para dar ainda mais suporte a nossa vida minimalista, você deve considerar cozinhar sua própria comida, pois isso reduzirá muito seu orçamento mensal com alimentos. Cada refeição que você cozinha para a sua família não é apenas mais barata, mas provavelmente mais saudável também. Mesmo as pessoas que têm pouca ou nenhuma experiência culinária não devem se intimidar, pois o que procuramos é simples, refeições fáceis de preparar. Quando você começa com algo simples, mas o faz regularmente, com o tempo você acaba melhorando.

Suggestion note: Original sentence in English: "To further support our minimalist living you should consider cooking your own food because this will greatly reduce your monthly food budget".

For a clearer message, I suggest changing to: "To give even more support to our minimalist living, you should consider cooking your own food because this will greatly reduce your monthly food budget".

Agora, há um pequeno obstáculo que precisamos superar, e isso está relacionado à sua cozinha. Se você não for cuidadoso, isso pode facilmente sair do controle e lhe custar milhares de dólares de coisas desnecessárias. No entanto, com uma pesquisa adequada e com o seu senso minimalista, você deve ser capaz de equipar sua cozinha por muito menos do que pensa sem sacrificar sua usabilidade.

Suggestion note: Original sentence in English:"Now there is a slight hurdle that we need to get over, and that is getting things for your kitchen".

For a clearer message, I suggest changing to: "Now, there is a slight hurdle that we need to get over, and this is related to your kitchen".

Suggestion note2: Original sentence in English: However, with proper research and with your minimalist hat on, you should be able to build your kitchen for a lot less than you think without sacrificing its usability.

For a clearer message, I suggest changing to:However, with proper research and with your minimalist sense, you should be able to equip your kitchen for a lot less than you think without sacrificing its usability.

Principais Eletrodomésticos

Vamos começar tirando as grandes coisas do caminho primeiro. Para qualquer cozinha minimalista, você só precisa de um fogão e uma geladeira. Noventa por cento das suas necessidades de cozinha serão supridas por eles. Se você está se mudando para um novo apartamento, eles geralmente já vêm com eles. Alguns podem vir com fornos de parede, grelhadores eléctricos e outras coisas que não contribuem realmente para a nossa cozinha minimalista, por isso sugiro que os venda. Se você for comprar novo, então lembre-se sempre de algo durável. Caro nem sempre significa durável, então faça uma pesquisa adequada antes de finalizar sua compra. As avaliações de produtos estão espalhadas por toda a Web, por isso, dedique algum tempo a pesquisá-las. Procurar por um que é eficiente em termos energéticos também é essencial. Essas coisas geralmente vêm com os adesivos do Guia de Energia que informam quantos kWh eles consomem por ano e o custo operacional anual estimado.

Suggestion note: Original sentence in English: "Ninety percent of your cooking needs will be addressed by those".

For a clearer message, I suggest changing to: "Ninety percent of your cooking needs will be met by them".

Itens Essenciais

Abaixo está uma lista de todos os itens que considero essenciais para qualquer cozinha. Algumas deles podem variar de casa para casa, dependendo do tipo de cozinha que você quer, assim você pode ajustar como quiser.

1. *Frigideira de Ferro Fundido*– Este é um dos itens mais versáteis e duráveis que

você pode ter em sua cozinha. Você pode usá-lo em seu fogão para fritar e, em seguida leva-lo ao forno para assar cortes grossos de carne. É robusto o suficiente para ser colocado em cima de uma grade.

Suggestion note: Original sentence in English: "You can use it on your stove top for frying and then throw it in your oven to finish of those thick cuts of meat".

For a clearer message, I suggest changing to:You can use it on your stove top for frying and then take it to the oven finish of those thick cuts of meat".

2. ***Panela(s) de Ferro Fundido*** – Se você quer ser minimalista ao extremo, uma grande panela de ferro fundido deve ser suficiente para todas as suas necessidades de cozimento. Seja para massa fervente, ensopados e cozimento lento de carne. No entanto, certas receitas exigem que você cozinhe duas coisas simultaneamente e

é aí que uma segunda panela é necessária, provavelmente uma que seja menor. Assim como com a frigideira, estamos recomendando ferro fundido por causa de sua versatilidade.

Suggestion note: Original sentence in English:"Just like with the skillet, we are going for cast iron because of its versatility".

For a clearer message, I suggest changing to:Just as with the skillet, we are recommending cast iron because of its versatility.

3. *Faca*–Há um grande debate sobre se uma única faca de Chef realmente atende a todas as suas necessidades culinárias. Ela pode literalmente fazer quase tudo, desde cortar legumes, cortar carne, cortar frango ou peru, e muito mais. Chefs profissionais diriam que precisa-se de pelo menos 3 a 5 tipos de facas. Além da faca de Chef, eles precisam das seguintes facas: faca para legumes, faca serrilhada, cutelo,

faca para filetear ou uma faca de desossar. Pessoalmente fico apenas com a faca de Chef, uma vez que ainda pode realizar a tarefa especializada de todas as outras facas mencionadas acima, embora com um pouco mais de dificuldade. Então, exercite seu próprio julgamento aqui e use a faca ou facas que você sente que terão mais utilidade para você.

Suggestion note: Original sentence in English:"Personally I will just go with the chef's knife since it can still accomplish the specialized task of all the other knives mentioned above, albeit a bit more difficult".

For a clearer message, I suggest changing to:"Personally I only get with the Chef's Knife since I can still accomplish the specialized task of all the other knives mentioned above albeit a bit more difficulty.

4. ***Tábua de cozinha*** —Pessoalmente, mantenho uma tábua de madeira simples para todas as minhas

necessidades. Você não precisa de uma cara, uma vez que seu objetivo principal é realmente ter uma superfície que seja segura para você fazer todos os seus cortes. A prática comum é ter duas tábuas de cortar. Uma de madeira para todos os vegetais e uma de plástico para carne. O principal argumento para usar uma de plástico em vez de uma tábua de cortar madeira é porque é mais higiênico. No entanto, eu penso que as tábuas de cortar de madeira são mais resistentes e eco amigáveis. Apenas certifique-se de lavá-laminuciosamente e de higienizar toda vez que usar.

Suggestion note: Original sentence in English:"You do not need an expensive one since your main purpose is really to have a surface that is safe for you to do all yourchopping and dicing".

For a clearer message, I suggest changing to:You do not need an expensive one since your main purpose is actually to have a surface that is safe for you to do all your cuts.

Here in Brazil we say only "cuts", we do not usually differentiate cut types.

Suggestion note 2: Original sentence in English:"However I just find the wooden chopping boards more sturdy, and environment friendly".

For a clearer message, I suggest changing to:However, I think wooden chopping boards are more sturdy and eco friendly.

5. **Pinças** –Obtenha uma de boa qualidade e ela deve durar por um longo tempo. Há muitos usos para este item e não há substituto para isso.

Suggestion note: Original sentence in English: "Get a good durable one and it should last you for a long time".

For a clearer message, I suggest changing to:Get one of good quality and it should last for a long time.

6. *Abridor de latas* – Existem maneiras de realmente abrir uma lata sem usar um abridor de latas, mas isso é impraticável. Tenha um que também funcione como um abridor de garrafas.

7. *Utensílios para mexer alimentos*– Você precisará de dois deles. Um plano que serve para quase qualquer coisa e outro que em forma de colher, para quando cozinhar qualquer coisa com líquido.

Os sete itens mencionados acima são os que eu considero o mínimo para qualquer cozinha. Dependendo do seu estilo de culinária preferida, você pode adicionar itens como achar melhor. Por exemplo, se você gosta de fazer pratos assados, então você provavelmente vai precisar de um par de assadeiras e todas as outras parafernálias para assar. Os itens básicos mencionados também não incluem as tigelas e recipientes para alimentos que você pode precisar usar de vez em quando, basta decidir por si mesmo, quantos deles você realmente precisa.

Suggestion note: Original sentence in English:"Depending on your cooking style and preferred cuisine, you may add items as you see fit".

For a clearer message, I suggest changing to:Depending on your preferred cooking style, you can add items as you see fit.

Suggestion note: Original sentence in English:"For example if you are into baking, then you will probably need a couple of baking pans and all other baking paraphernalia".

For a clearer message, I suggest changing to:For example, if you like to make baked dishes then you will probably need a couple of baking pans and all other baking paraphernalia.

Suggestion note: Original sentence in English: "These also do not include the bowls and food container you might be using from time to time so just play around and decide for yourself how many of them you really need".

For a clearer message, I suggest changing to:The basic items mentioned also do not include bowls and food containeryou might be using from time to time, just decide for yourself, how many of them you really need.

Para utensílios como pratos e copos, normalmente gosto de manter um conjunto para 10 pessoas. Se você decidir receber mais de 10 pessoas, recomendo usar copos e pratos de papel. A menos que você faça uma festa toda semana, então seria um caso diferente, mas essa é provavelmente a exceção e não a regra.

ItensQueDevemSerEvitados
Suggestion note: Original sentence in English:Items to Avoid
For a clearer message, I suggest changing to:Items That Should Be Avoided

Agora que definimos quais itens são essenciais, vamos ao outro extremo do espectro e identificamos quais itens da sua cozinha são apenas um desperdício de espaço. Estas são as coisas que foram criadas para sua conveniência e não são uma necessidade absoluta.

1. **_Forno Micro-ondas_** – Nada provavelmente caracteriza a conveniência na cozinha como o forno micro-ondas. Para pessoas ocupadas, é muito conveniente, simplesmente atirar alimentos embalados diretamente do freezer e, após dois minutos, seu jantar estará pronto. Isso também poupa seu tempo, já que você não precisa lavar a louça depois. Esta prática, no entanto, dificulta a sua capacidade de aprender a cozinhar suas próprias refeições. Comida embalada é provavelmente mais barata em comparação com o seu equivalente em um restaurante, mas preparar sua própria comida ainda é mais barato. Para não mencionar o fato de que um micro-ondas ocupa muito espaço na sua cozinha. A única ocasião em que provavelmente poderíamos justificar ter um forno micro-ondas, é se você vai reaquecer alimentos que você já cozinhou antes. Então novamente,

você ainda pode reaquecê-los à moda antiga usando suas panelas ou frigideira.

2. ***Torradeira*–** Quando eu era criança, eu me lembro de usar muito a torradeira. Basta colocar o pão, e depois de um minuto ele aparece, quente e pronto para comer. Novamente, assim como o micro-ondas, é muito conveniente de usar, mas nós realmente precisamos dela? Nós podemos apenas usar a nossa frigideira e torrar o pão, um lado de cada vez, pressionando-o para conseguir a textura desejada.

Suggestion note: Original sentence in English:When I was a kid, I remember using the bread toaster a lot.

Here in Brazil we usually say "toster", not bread toaster.

Suggestion note2: Original sentence in English:Simply put the bread in, and after one minute it pops up, all hot and ready to eat.

For a clearer message, I suggest changing to: Simply put the bread in, and after one minute it pops up, hot and ready to eat.

Suggestion note3: Original sentence in English:We can just use our skillet and toast the bread one side at a time pressing it down to get that even burn.

For a clearer message, I suggest changing to:We can just use our skillet and toast the bread, one side at a time, by pressing it to achieve the desired texture.

3. **Panela de Arroz -** Antes de a panela de arroz ser inventada, as pessoas cozinham o arroz em caçarolas. Sim, você pode precisar mexer de vez em quando e verificar se está preparado, mas ainda assim faz o trabalho. Ainda há famílias em países asiáticos, que comem arroz em quase todas as refeições, que não usam panela de arroz.

4. **_Fritadeira_** - Se você está usando sua fritadeira diariamente, então há algo errado com sua dieta e é hora de mudar. Em alguns casos, quando você realmente precisa fritar alguma coisa, use sua panela de ferro fundido.

5. **_Suporte para facas_** - Nós já mencionamos que usar uma única faca Chef é provavelmente o suficiente para suas necessidades diárias. Se você possui mais facas, provavelmente irá precisar de um suporte para facas que ocupará espaço no balcão da sua cozinha. Então dispense todas as suas outras facas, juntamente com o suporte de faca e guarde sua faca de chef em uma gaveta com seus outros utensílios.

Suggestion note: Original sentence in English:If you own more knives, then you will probably need a knife block which will just take up space in your kitchen counter.

For a clearer message, I suggest changing to:If you own more knives, then you will probably need a knife holder which will just take up space in your kitchen counter.

Suggestion note: Original sentence in English: *So throw all your other knives away, together with the knife block and store your single chef knife in a drawer with your other utensils.*

For a clearer message, I suggest changing to:Sodispense all your other knives along with the knife holder and store your chef knife in a drawer with your other utensils.

Como eliminar itens desnecessários na sua cozinha

A maioria das pessoas está tendo problemas para reduzir o número de itens em sua cozinha. Para simplificar essa tarefa, você pode usar estas perguntas como um guia:

1. Tem algum outro uso além de seu propósito principal?

2. Poderia ser substituído por outra coisa que eu já tenho?

3. Com que frequência você está usando este item?

Idealmente, gostaríamos que nossa cozinha minimalista incluísse apenas itens que tenham múltiplos usos e aqueles que usamos na maioria das vezes. Para ilustrar isso melhor, vamos dar uma olhada em alguns exemplos.

Um espremedor de alho é uma invenção muito legal. Não só pica o alho para você, como também descasca muito bem. Se você está cortando centenas de alho por dia, então talvez possamos justificar este item, mas em situações normais, quantos você realmente precisa? Provavelmente 5-6 dentes já bastariam. Cortar essa quantidade de alho é algo que uma faca de cozinha normal realizaria.

Que tal aqueles amaciadores de carne que se parecem com um pequeno martelo? Eles são usados para quebrar a fibra da carne, facilitando a alimentação. Você consegue pensar em possíveis alternativas? Por que não usar apenas o fundo da panela ou a parte de trás da faca? Eles podem ser utensílios menos eficientes, mas certamente você alcançaria o resultado. Além disso, se você fizer um pouco mais de pesquisa, descobrirá que marinar a carne já a amacia. Vinagre ou sucos cítricos são ácidos o suficiente para suavizar as fibras musculares da carne. Mesmo com coca-cola ou produtos à base de tomate.

Suggestion note: Original sentence in English:They are used to break down the meat, making it easier to eat.
For a clearer message, I suggest changing to:They are used to break down the meat fiber, making it easier to feed.

Suggestion note2: Original sentence in English:They will probably do the job less efficiently but they will accomplish it nonetheless.

For a clearer message, I suggest changing to:They may be less efficient utensils, but surely you would achieve the result.

Suggestion note3: Original sentence in English:Also if you do a bit more research, marinating the meat tenderizes it already.
For a clearer message, I suggest changing to:Also, if you do a bit more research, you will find that marinating the meat already tenderizes it.

Suggestion note4: Original sentence in English:Same with coke or tomato based products.
For a clearer message, I suggest changing to: Same with coca cola or tomato based products.

Capítulo 7- Comendo de Forma Minimalista

Até agora, a maioria das pessoas concordaria que grande parte do mundo industrializado come demais. Também não é surpresa descobrir que, entre os países que consomem mais do que deveriam, os Estados Unidos estão no topo da lista. Não há nada inerentemente errado com isso, especialmente se o mesmo agregado familiar nessa economia apoiar esse tipo de vida.

Mas para a maioria das pessoas, consumir mais do que deveria é um grande erro. Especialmente para aqueles que querem praticar um estilo de vida minimalista, eles tendem a começar com o hábito de praticar o minimalismo com comida. Com isso, essas mesmas pessoas têm a solução mais simples: comer menos. Claro, obviamente, comer menos é a resposta. Smoothiessaudáveis, sucos desintoxicantes, dietas da moda ou até mesmo alimentos dietéticos - não estão presentes no estilo de vida "comer menos". Esta é uma abordagem que a maioria das pessoas pratica para alcançar seu estilo de vida minimalista. No entanto, no que diz respeito à essa abordagem, é mais fácil falar que fazer. Claro, alguns tiveram a motivação e disciplina para fazer isto enquanto outros falham miseravelmente com essa abordagem.

Suggestion note: Original sentence in English:But for most people, consuming more than they should is a big no-no.

For a clearer message, I suggest changing to:But for most people, consuming more than they should is a big mistake.

Suggestion note1: Original sentence in English:Health smoothies, liquid cleanse, fad diets, or even diet foods- those are not present in the "eat less" lifestyle. It's simply eating less.

For a clearer message, I suggest changing to:Healthy smoothies, detox juices, fad diets or even diet foods - are not present in the "eat less" lifestyle.

Suggestion note2: Original sentence in English:However, that approach is easier said than done.

For a clearer message, I suggest changing to:However, as far as this approach is concerned, it is easier said than done.

Suggestion note3: Original sentence in English:Of course, others have had the motivation and discipline to do that while others fail miserably with the approach.

For a clearer message, I suggest changing to:Of course, some had the motivation and discipline to do that while others fail miserably with this approach.

Comer de forma minimalistavai muito além disso. Praticar o estilo de vida minimalista em termos de alimentos se estende ao que você come e como você prepara, não apenas o quanto você consome. Muitos optam por comer alimentos naturais e livres de conservantes. Estes são alimentos que não foram processados. Prepará-los seria fácil e simples, economizando tempo e energia.

Além disso, você não precisa gastar muito ao contrário de sair para comer ou comprar inúmeros ingredientes que também mantêm você na cozinha por um tempo.

Suggestion note: Original sentence in English:Minimalism in food goes way beyond that.

For a clearer message, I suggest changing to:Eating in a minimalist way goes far beyond that.

Suggestion note2: Original sentence in English:For many, they choose to eat food that is natural and free of preservatives.

For a clearer message, I suggest changing to:Many choose to eat natural and preservative-free foods.

Compras de Spermercado Minimalistas

Primeiro, antes de pensar em como você pode cozinhar e consumir alimentos em uma vida minimalista, você deve considerar o que você precisa para fazê-lo. Economizar dinheiro fazendo compras de supermercado é um plano completamente difícil e tedioso. Você teria que fazer muitos pré-planejamentos, fazer algum esforço mental e ter o desejo de tentar coisas novas.

Suggestion note: Original sentence in English:Saving money when grocery shopping is an outright difficult and tedious plan.

For a clearer message, I suggest changing to:Saving money by grocery shopping is an outright difficult and tedious plan.

Suggestion note2: Original sentence in English:You'd have to a lot of pre-planning, exert some mental energy, and have a desire to try new things.

For a clearer message, I suggest changing to:You would have to do a lot of preplanning, make some mental effort, and have a desire to try new things.

Embora seja fácil economizar dinheiro em compras comprando marcas diferentes ou recorrendo a refeições mais baratas, muitas vezes precisamos voltar ao básico: comprar menos. Devemos considerar muitas maneiras de simplesmente comprar menos comida.

Suggestion note: Original sentence in English:We should consider plenty of ways to simply buy less grocery.

For a clearer message, I suggest changing to: We should consider plenty of ways to simply buy less food.

A vida minimalista ensina você a se contentar com menos. Claro, comprar menos significa que gastamos menos, economizando assim mais dinheiro.

A mentalidade minimalista toca o aspecto de comprar mantimentos porque você, alguém que pretende ter um estilo de vida minimalista, irá se beneficiar disso. Você terá menos, o que exige que você precise de menos.

Este guia mostrará como você pode estar atento às coisas que compra, independentemente de quão minimalista seja:

- **Frutas e vegetais frescos na quantidade certa**

Ser minimalista nem sempre significa que você precisa recorrer a menos, às vezes você tem que ter o suficiente sem perder nada. Nesta abordagem, você pode comprar legumes e frutas em quantidades exatas que precisará em uma base semanal. Muitas vezes, sempre que fazemos compras, tendemos a pegar um punhado de frutas sem realmente pensar em quantas vamos realmente comer. Esse truque funciona bem porque você gastará menos, simplesmente porque está comprando apenas o que vai consumir. Além disso, frutas e legumes são muitas vezes desperdiçados porque apodrecem facilmente. O melhor exemplo disso é quando se faz salada. Descubra quantos vão comer e qual seria a quantidade adequada para servir. Calcule quantos tomates, pepinos e abacates você precisará para a salada e compre apenas o suficiente para a preparação da refeição.

- **Não compre comida preparada**

Suggestion note: Original sentence in English:Do not buy unprepared food.

The word "unprepared" does not match the paragraph context, I believe the word "prepared" would be the most appropriate.

Qualquer coisa que venha preparada, fatiada, pré-fabricada, cortada em cubos, fatiada e cozida garantidamente lhe custará mais. Quanto menos processado for o alimento, mais dinheiro você economizaráà longo prazo. A comida em estado natural também é significativamente mais saudável. Um exemplo disso pode ser uma peça de queijo Cheddar. Claro, se você está fazendo Tacos com frequência, é melhor comprar a peça em vez de um pacote de queijo ralado. Pacotes de queijo ralado, sem dúvida, custam mais e vão certamente ocupar mais espaço.

Suggestion note: Original sentence in English:The more unprepared the food is, the more money you'll save in the long run.

For a clearer message, I suggest changing to:The less processed the food, the more money you will save in the long run.

Suggestion note2: Original sentence in English:Unprepared food is significantly healthier, too.

For a clearer message, I suggest changing to:The food in its natural state is also significantly healthier.

Suggestion note3: Original sentence in English:An example of this can be blocks of Cheddar cheese. Of course, if you're making Tacos every so often, it's better to buy the block of it rather than a pack of shredded cheese.

For a clearer message, I suggest changing to:An example of this may be a piece of Cheddar cheese. Of course, if you're making Tacos every so often, it's better to buy the piece instead of a shredded cheese package.

- **Adapte suas compras de Mercado à uma refeição planejada**

Uma das vantagens de viver um estilo de vida minimalista é que você sempre planeja as coisas de antemão. Isso soa verdadeiro para alguns, especialmente para as compras de supermercado. Cada item que você comprar deve ser atribuído a uma refeição específica. seja café da manhã, almoço ou jantar. Nunca compre nada que você tenha guardado em estoque, pois isso fará com que você cozinhe ou coma mais. Compre as coisas de forma pré-planejada para que você não acabe comprando mais do que deveria.

- **Compre em quantidades grandes se necessário**

Comprar em quantidades grandes reduz significativamente seus custos. No entanto, isso não combina muito bem com quem vive um estilo de vida minimalista, pois ocupa mais espaço do que o necessário, e leva a gastos excessivos. Isso pode acabar sendo uma tentativa de gastar para economizar dinheiro, um conceito que o estilo de vida minimalista não atende muito bem. Em vez disso, compre mantimentos em grande quantidade somente quando necessário e quando fizer todo o sentido. Papel higiênico e papel toalha são ótimos exemplos disso. Nunca assuma que a compra em grande quantidade irá imediatamente poupar dinheiro. Tenteprecisar de menos,simplesmenteconsumindomenos.

Suggestion note: Original sentence in English:"Spaving" is a term coined meant to define the attempt of spending to save money, one concept that the minimalist lifestyle doesn't comply too well with.

We don't have a translation for "Sparving"

For a clearer message, I suggest changing to:This may end up being spend more to save money, a concept that the minimalist lifestyle does not suit very well.

- **Faça um inventário do seu armário/geladeira antes de fazer compras**

Para comprar menos, primeiro você precisa saber o que você já tem. Basta verificar e fazer um inventário do seu armário ou geladeira para simplificar isso. Assim você fará compras com base na "necessidade" e não no "desejo". Novamente, não compre coisas que você pode "usar em algum momento" ou "quer experimentar". Compreapenas o essencial.

Suggestion note: Original sentence in English:Simply checking and doing an inventory of your cupboard or fridge can simplify this. Doing this will lead you to shop on a 'need' basis and not a 'want' basis.

For a clearer message, I suggest changing to: Simply checking and doing an inventory of your cupboard or fridge can simplify this. So you will shop based on "need" and not "desire".

- **Não seja fiel à marcas, tente marcas novas**

Ser um verdadeiro minimalista significa que você sempre se esforça para economizar mais, mesmo que isso signifique mudar para outras marcas. Se uma determinada marca começar a ser vendida por uma semana, não tenha medo de experimentar porque você certamente economizará mais. Ser fiel a uma marca lhe dá restrições sobre o que você consome. Ser menos fiel a uma marca significa que você terá mais facilidade para se adaptar a novas, que na maioria das vezes estarão à venda.

- **Compre menos, economize mais**

Apenas uma reiteração e simplificação do que foi dito, é realmente simples. Ambos, empregar uma variedade de táticas para obter itens mais baratos ou, simplesmente, comprar menos.

Coma menos

Aqueles que estão com sobrepeso ou aqueles que estão prestes a ficar acima do peso podem ter sérios problemas de saúde. Embora seja fácil dizer que fazer, também não está comprovado que perder peso ou reduzir o consumo de alimentos pode resolver esses problemas de saúde. Comer menos, entre muitos outros métodos, pode resolver alguns dos problemas de saúde dessas pessoas. Não só é uma abordagem holística para um estilo de vida saudável, mas também é uma maneira de praticar o minimalismo da maneira mais fácil. É claro que se exercitar e ter uma dieta adequada é importante, o excesso de calorias costuma ser um problema fundamental para a maioria das pessoas.

Mais uma vez, é mais fácil falar que fazer. Então, como você pratica a abordagem holística e minimalista quando se trata de comer alimentos? Aquiestãoalgumas das nossasideias:

- Coma refeições mais leves e menores - Tente evitar refeições mais pesadas ou grandes porções de alimentos, pois eles podem ter mais calorias do que o necessário.

- Coma até que você não esteja mais com fome, não até você estar satisfeito. Não exagere na comidacomida. Um dos povos mais saudáveis do mundo, os okinawanos, come até ficar 80% satisfeito.

- Evite restaurantes, especialmente aqueles com grandes porções. A maioria dos restaurantes de hoje, bem como as cadeias de fast-food, servem uma quantidade ridiculamente grande de comida. É melhor evitar esses restaurantes se você ainda estiver adquirindo o hábito de praticar o minimalismo quando se trata de comida. Se for inevitável, tente apenas pedir acompanhamentos e saladas, ou melhor ainda, dividir uma refeição pesada com alguém.

- Coma muitos alimentos ricos em água e fibras - Ambos estão saciando e são saudáveis. Exemplos disso são feijões, vegetais e frutas.

- Faça jejumde18 a 24 horas, pelo menos, duas vezes por semana. Isso soa contra a maioria dos conselhos de saúde, mas leia livros de saúde como o "Eat Stop Eat", de Brad Pilon, para obter informações adicionais.

Coma Limpo

Enquanto comer menos, sem dúvida, resolve muitos problemas - de limitações financeiras a tempo - comer limpo também é uma abordagem minimalista. O conceito de comer limpo promove um estilo de vida saudável e dá suporte a vida minimalista; matando dois coelhos com uma cajadada só, como diria a maioria. Basicamente, comer limpo é simplesmente comer comida em seu estado natural, sem processar.

Suggestion note: Original sentence in English:Basically, eating clean is simply eating food in its natural state, without having gone through being processed.

For a clearer message, I suggest changing to: Basically, eating clean is simply eating food in its natural state without processing.

No entanto, isso não significa necessariamente que você tenha que comer alimentos crus, embora o consumo de alimentos crus ainda seja um hábito saudável. Isto não é, no entanto, a defesa de uma dieta de alimentos crus, mas sim de uma dieta alimentar completa. Esta dieta alimentar não processada é muitas vezes chamada de "alimentação limpa".

Suggestion note: Original sentence in English:However, this doesn't necessarily mean you have to eat raw food, even though raw food is still quite good for you.

For a clearer message, I suggest changing to:However, this does not necessarily mean that you have to eat raw food, even though raw food consumption is still a healthy habit.

Então, como você mantém o hábito de comer limpo? Há muitos pontos sobre como você pode começar e manter o hábito de comer limpo, mas para começar, tente estes:

Suggestion note: Original sentence in English:So, how do you go on about eating clean?

For a clearer message, I suggest changing to:So how do you keep in the habit of eating clean?

- É claro que sua dieta principal deve sempre incluir frutas e legumes.
- Consumir comida em seu estado natural, ou algo próximo disso.
- Evite alimentos processados.
- Coma cereais integrais, de preferência, tente evitar farinha refinada.
- Óleos de nozes, manteigas, legumes e nozes em geral são uma ótima maneira de comer limpo.
- Tenteconsumirproteínasmagras.

Tenha em mente que o objetivo é conseguir um estilo de vida mais limpo e saudável proporcionalmente a manter um estilo de vida minimalista. Mas isso não significa que você deve comprometer sua satisfação quando se trata de comida para viver esse estilo de vida. Sim, você pode beber ou ter guloseimas, mas tente consumi-las com moderação. O objetivo não é alcançar 100% das coisas, o objetivo é manter um estilo de vida em que você está confortável.

Suggestion note: Original sentence in English:Yes, you're allowed to drink or have treats, but try to keep it in moderation.

For a clearer message, I suggest changing to:Yes, you can drink or have treats, but try to consume them in moderation.

Cozinha Minimalista

Até agora, você já estabeleceu a ideia de que consumirá menos e, no final, precisará de menos para cozinhar. É uma estratégia altamente recomendada, para viver um estilo de vida minimalista, é preciso aprender a cozinhar por si mesmo. Além de economizar dinheiro, você também economiza recursos e terá um estilo de vida muito mais saudável. Não importa o quanto seja conveniente comer fora ou comprar comida pronta embalada, é igualmente caro e insalubre. Isso vai contra todo o seu sistema de crenças de ser minimalista, já que você gastará mais e consumirá mais do que pretende. Restaurantes, não importa o quanto você tente controlar sua dieta, servem de maneira excessiva.

Suggestion note: Original sentence in English:No matter how convenient it is to eat out or buy take outs,it's equally expensive and unhealthy.

We don't have a specific nor word for translate "take outs", neither a slang. Therefore, I've translated according Cambridge Dictionary definition: "a meal cooked and bought at
a shop or restaurant but
taken somewhereelse, often home, to be eaten, or the shop or restaurant itself."

For a clearer message, I suggest changing to:No matter how convenient it is to eat out or buy ready packed food, it is equally expensive and unhealthy.

Suggestion note2: Original sentence in English:Restaurants, no matter how much you try to control your diet, serves way too much.

For a clearer message, I suggest changing to:Restaurants, no matter how much you try to control your diet, serve you excessively.

Cozinhar para si mesmo é conveniente, mas você deve aprender a arte de cozinhar com simplicidade. A culinária minimalista envolve cozinhar com 5 ingredientes ou menos, seja substituindo ingredientes ou removendo-os, mas sem comprometer o sabor.

Mas, como cozinhar dessa forma pode contribuir para o seu estilo de vida minimalista? Aparentemente, hámuitosbenefícios, como:

Suggestion note: Original sentence in English:But, what can minimal cooking contribute to your minimal lifestyle?

For a clearer message, I suggest changing to:But, how to cook in this way can contribute to your minimalist lifestyle?

- Número mínimo de etapas - o número de etapas é mínimo e as instruções são mantidas concisas e no ponto.

- Tempo mínimo - Quando cozinhar minimamente, você pode fazer as coisas de forma eficiente e em tempo hábil, usando apenas 10 minutos do seu tempo.

Suggestion note:For a clearer message, I suggest changing "such as only taking up 10 minutes of your time" to "using only 10 minutes of your time".

- Número mínimo de ingredientes - Listas longas de ingredientes podem ser assustadoras, e é por isso que você deve limitar seus ingredientes a pelo menos 5 ingredientes ou menos. Ingredientes desnecessários não devem ser envolvidos e todos os ingredientes devem desempenhar sua função-chave. O tomilho realmente afeta o sabor ou é apenas para mostrar?

Suggestion note:For a clearer message, I suggest changing "Does the thyme herb really affect the taste" to"Does thyme really affect the taste".

- Equipamento mínimo - Como dito anteriormente, sua cozinha deve ser composta apenas de itens essenciais que servem a múltiplos propósitos. Dessa forma, você economiza espaço e tempo evitando os preparativos "extravagantes".

Para obter mais informações sobre como você pode obter orientações sobre culinária minimalista e mais receitas minimalistas, você pode confir o livro de receitas grátis Stonesoup, deJuleClancy.
Suggestion note: Original sentence in English:For more information about how you can achieve minimalist cooking and more minimalist recipes, you can check out Jule Clancy's free Stonesoup e-cookbook.
For a clearer message, I suggest changing to:For more information on how you can get guidelines on minimal cooking and

more minimalist recipes, you can check out Jule Clancy's free Stonesoup e-cookbook.

Capítulo 8 – O Guarda-roupa Minimalista

Todos os dias, temos que tomar duas das decisões mais difíceis da nossa rotina diária: o que comer e o que vestir. A primeira, se você adotou o estilo de vida minimalista quando se trata de comida, não deve ser um problema agora. Esta última, no entanto, é uma das decisões mais indutoras de estresse que enfrentamos todos os dias. Geralmente gastamos minutos frenéticos tirando as roupas do armário na esperança de encontrarmos algo que satisfaça nosso desejo de moda interior.

Com muita frequência, escolher o que queremos usar todos os dias cria um estresse desnecessário. Isso vai diretamente contra o minimalismo. O conceito de minimalismo abrange a ideia de que você vive com menos e gosta disso. Adicionar mais um fardo de escolha não combina bem com essa crença. Isso pode ser causado principalmente pelo fato de seu guarda-roupa estar cheio de itens desnecessários, roupas que você acumulou ao longo dos anos, roupas que você não usa mais, etc.

A solução para esse problema é simples: simplificar. Ao reduzir a quantidade de roupas no seu armário, você fica com o essencial - as roupas sobre as quais você está consciente. Estas são as roupas que fazem você se sentir confortável, as roupas que você está familiarizado em usar. As roupas que você deixou, são aquelas que fazem você se sentir fabulosa e indomável ao mesmo tempo, essas são suas roupas essenciais.Como você não precisa de uma tonelada de roupas penduradas no seu guarda-roupa, a melhor opção seria se livrar delas. Faça uma venda de garagem, doe, seja o que for. Seu primeiro objetivo em relação a um guarda-roupa minimalista é ordenar.

Caso você não tenha percebido, as pessoas bem-sucedidas não têm problema com as roupas que vestem. Isso não quer dizer que eles não tenham nenhum senso de moda ou algo assim, é apenas que eles abraçaram sua simplicidade. Steve Jobs,

Mark Zuckerberg, Hilary Clinton e até mesmo Barack Obama só para citar alguns, repetiram suas roupas de marca vez após vez. Por quê? Porque para eles, escolher e se estressar sobre o que vestir é altamente irrelevante.

Minimizando o guarda-roupa

Aqui é onde a sua atitude minimalista entra em jogo. Ser simples e usar as roupas em que você se sente confortável economiza o esforço mental de fazer a difícil escolha de escolher o que vestir. Em vez disso, você pode concentrar o tempo e seu poder intelectual em outro lugar, em algum lugar onde possa ser produtivo.

Agora, se você está procurando ordenar seu guarda-roupa baseando-se na abordagem "minimalista" ou se está apenas começando a construir um, é necessário ter uma estratégia. Como todos os passos minimalistas, você precisa planejá-lo. Não há nada mais frustrante do que entrar em algo despreparado. Então, como você simplifica seu guarda-roupa e define um roteiro claro para viver a vida com um guarda-roupa minimalista? Tenteestesdezprincípios:

- **Definição** - Suas roupas dizem muito sobre você. Usar as coisas estabelecidas por seus parâmetros exatos de moda refletirá claramente sua própria personalidade. Assim, para alcançar seu próprio estilo, dedique tempo para aprimorar cuidadosamente seu senso de moda e criar seu próprio conceito de estilo definido. A partir do momento que você consolidar seu próprio estilo, não há necessidade de tumultuar seu guarda-roupa com roupas que você só quer experimentar.

Suggestion note: Original sentence in English:Wearing the things that you've carved out for your exact fashion parameters will clearly reflect your own personality.

For a clearer message, I suggest changing to:Wearing the things set by your exact fashion parameters will clearly reflect your own personality.

Suggestion note2: Original sentence in English:And since you've developed your own style, there's no need to clutter your wardrobe with chuck-full of clothes you just want to experiment with.

For a clearer message, I suggest changing to:From the moment you consolidate your own style, there is no need to clutter your wardrobe with clothes that you just want to try.

- **Seletividade -** Mantenha seu espaço no armário apenas para as coisas que você realmente usa. Você não quer acabar com inúmeros pares de calças que você não gostaria de usar, então diminua as coisas que você realmente adoraria usar. Além de poupar espaço no seu armário, você também vai dar a si mesmo um pouco de liberdade financeira a partir desse ponto, agora você sabe o que você realmente quer. Portanto, você não gastaria dinheiro com compras indesejadas e súbitas. Ok e bom o suficiente são conceitos que não devem convencê-lo, você precisa amar.

- **Autenticidade** - Livre-se de toda a tendência da moda, de ser "hipster" ou "bohemian". Como indivíduo, você deve ter um guarda-roupa adequado para seu estilo de vida e personalidade. Pare de frustrar sua auto-estima sobre como você não consegue seguir a campanha de moda "10 coisas que toda mulher deveria usar ". Ao mesmo tempo, você não deve quebrar a cabeça pensando no tipo de moda que gostaria de seguir. Crie o seu próprio estilo e, como disse anteriormente, expresse personalidade. Mesmo que isso signifique usar uma camisa branca e um par de calças de brim.

- **Qualidade sobre quantidade** - A regra de platina dos minimalistas. Você gostaria de ter um armário cheio de roupas boas que durem mais ou de roupas que durem apenas uma temporada? Obviamente, o minimalismo não opta por escolher o último. Em vez de caçar pechinchas ou fazer compras por impulso de acordo com a moda atual, compre roupas que podem durar algumas temporadas. Preste atenção ao ajuste, cor, tecido, etc. Lembre-se que um bom suéter é sempre melhor que cinco suéteres de má qualidade.

- **Estilo sobre moda** - Há sempre uma tendência de moda pronta para surgir do nada, mas tenha cuidado. Siga somente as tendências da moda que melhor se adaptam ao seu estilo, caso contrário, você acabaria com mais roupas lotandoseu armário. Analise cuidadosamente se deve seguir a tendência da moda. A regra geral deve ser: ela se encaixa no seu estilo individual? Merece um lugar no seuarmáriolotado?

Suggestion note: Original sentence in English:Only follow the fashion trends that suits your own style otherwise you'd end up with another batch of closet-mulch.

For a clearer message, I suggest changing to:Only follow the fashion trends that best fit your style; otherwise you would end up with more clothes crowding your closet.

- **Função** –Os adeptos do minimalismo, óbvios como são, esforçam-se para usar menos pela razão aparente. No entanto, eles não comprometem ausabilidade pela qualidade inferior nas coisas que usam. As roupas são uma das coisas que devem possuir esse traço. Não escolha algo apenas com fins estéticos, sua forma e função também devem ser excepcionais. Jeans deve vestir bem e camisolas devem mantê-laaquecida,por exemplo

Suggestion note: Original sentence in English:the minimalism living, obvious as it is, strives to use less for the apparent reason.

For a clearer message, I suggest changing to:The minimalism adherents, obvious as they are, strive to use less for apparent reason.

Suggestion note2: Original sentence in English:However, they do not compromise their 'less' usage for quality of the things they use.

For a clearer message, I suggest changing to:However, they do not compromise usability by opting for inferior quality in the things they use.

Suggestion note: Original sentence in English:Don't just aim for something for aesthetic purposes, their form and function must also be exceptional as well.

Suggestion note2: Original sentence in English:Do not choose something just for aesthetic purposes, its form and function must also be exceptional.

- **Versatilidade** - A harmonia de suas roupas deve construir uma base de suas peças-chave. Seu guarda-roupa deve ser composto por roupas que tenham coerência entre si, assim você pode alternar a combinação delas sem ter que comprar outras.

- **Investimentos** - Embora isso contrarie a ideologia "gaste menos", não soa totalmente verdadeiro. Minimalistas investem tempo e dinheiro em coisas justificáveis pela frequência com que as usam e pela finalidade do item. Neste caso, a qualidade das roupas é o principal fator.

- **Evolução** - O estilo escolhido deve ser atemporal ou, pelo menos, deve ser capaz de evoluir para as suas necessidades em constante mudança. Dessa forma, você não precisará alterar seu guarda-roupa a cada temporada.

- **Conforto** - isso deve ser uma característica não negociável de suas roupas, na verdade, qualquer um dos itens que você compra. Como minimalista, todas as suas compras devem ser feitas baseadas na "necessidade" e não no "desejo" ou apenas uma compra feita impulsivamente.

Limites

Nesta era da produção em massa, a roupa é barata e prontamente disponível; podemos ir até o shopping local e voltar com a carga máxima no carro, se quisermos. Além disso, a moda está sempre mudando; o que está "dentro" nesta temporada,está "fora" na próxima, apenas para ser substituída por um novo conjunto de itens indispensáveis. Embora nossos bisavós só pudessem pagar (e obter) algumas novas roupas a cada ano, nós não temos essas restrições. Não é de admirar que os nossos armários estejam transbordando!

Suggestion note: Original sentence in English:No wonder our closets are bursting at the seams!

For a clearer message, I suggest changing to:No wonder our closets are overflowing!

É por isso que os limites desempenham um papel tão importante em nossos guarda-roupas minimalistas; eles mantêm nosso vestuário e acessórios em um nível administrável. Sem eles, certamente seríamos soterrados sob uma avalanche de roupas! No sentido mais amplo, devemos limitar nossas roupas ao espaço de armazenamento disponível. Se nossos armários ou cômodas estiverem transbordando, devemos "estancar a maré" e impedir que o conteúdo entre na sala. No entanto, mesmo que consigamos conter a torrente, não queremos balançar ao ponto de ruptura. A ideia não é encher nossos armários o máximo possível, mas remover itens suficientes para criar espaço para respirar. Não é bom para nossas roupas (ou níveis de estresse) quando temos que tirá-las do armário ou espremê-las em gavetas. Com isso em mente, analisarei a declaração acima: devemos limitar nossas roupas a menos do que o espaço de armazenamento disponível.

Eu certamente não posso dizer quantas camisas, suéteres ou pares de calças você deve ter, esse número é sua decisão. Algumas pessoas não têm problemas em usar as mesmas calças durante toda a semana, enquanto outras não se sentirão confortáveis com menos de um par por dia. Determine o que é suficiente para você e reduza à esse nível. Seus limites podem ser bem considerados ou completamente arbitrários. Quando me mudei para o exterior, só consegui colocar quatro pares de sapatos na minha bagagem; a partir de então, foi a quantidade que eu mantive. Quando comprei um cabide para cinco saias, estabeleci um limite para esse número. Limitei meus casacos a um por temporada e minhas meias e roupas íntimas a um suprimento de dez dias. Seus limites serão diferentes dos meus e dependerão de sua situação pessoal e nível de conforto.

Suggestion note: Original sentence in English:hence, that's what I kept.

For a clearer message, I suggest changing to:from then on, it was the amount I kept.

Além disso, estabeleça limites para as suas roupas de dormir, suas roupas de ginástica e suas roupas de "trabalho pesado" (os itens gastos que você economiza quando está fazendo jardinagem ou pintura). Dependendo da sua roupa e horários de atividades, uma a cinco roupas geralmente são suficientes. Limite seus acessórios também - lenços, gravatas, bolsas e joias podem se multiplicar quando não estamos mantendo o controle sobre eles. Calcule quantos você usa em uma semana típica e defina um número máximo razoável; alternativamente, limite-os ao local no qual eles estão armazenados.

Mais importante, divirta-se com os seus limites! Pessoalmente, adoro ver quantos looks posso montar a partir de um número fixo de itens. Considere-o como um desafio: quão bem você pode conviver com tantas camisas, sapatos, saias ou bolsas? É uma ótima oportunidade para exercitar sua criatividade e estilo.

Suggestion note: Original sentence in English: Personally, I love seeing how many unique outfits I can fashion from a fixed number of items.

For a clearer message, I suggest changing to:Personally, I love seeing how many looks I can assemble from a fixed number of items.

Here in Brazil we use the word "looks" to design suits and outfits.

"Look" definition: appearance or style, especially in relation to hairstyle and clothing; visual

look in Dicionário infopédia da Língua Portuguesa [em linha]. Porto: Porto Editora, 2003-2019. [consult. 2019-04-23 16:46:29]. Disponível na Internet: https://www.infopedia.pt/dicionarios/lingua-portuguesa/look

O que usar

É claro que, mesmo com os assustadores lembretes do que vestir, às vezes ainda ficamos pensando sobre o que exatamente "mínimo" significa quando se trata de guarda-roupa. Para alguns, é ter algumas roupas que eles podem usar alternadamente. A abordagem minimalista segue esse caminho porque eles estreitaram sua escolha de roupas para o que estão dispostos a usar.

Se você ainda ficar atônito sobre como deve ser a base do seu guarda-roupa mínimo, tente o seguinte:

Para mulheres:
- 2 vestidos bonitos
- Pelo menos 2 jaquetas
- 3 saias
- 3 blusas
- 2 calças
- 2 jeans
- 3 casacos
- 1 camisa branca (adicione outra se a natureza do trabalho exigir muito)
- 4-5 t-shirts

Para homens:
- 2 ternos formais
- 1 smoking clássico
- 2-3 blazers
- 4 camisas sociais
- 2 jeans
- 2 calças sociais

- 3 camisas xadrez
- 2 camisas polo
- 5-6 t-shirts básicas
- Claro, as gravatas são obrigatórias. Tente ajustar quantas você precisa dependendo da natureza do trabalho.

Capítulo 9 – O quarto minimalista

Um dos lugares mais importantes onde sua magia minimalista deve acontecer é o quarto. Este quarto, mais do que qualquer outro cômodo da sua casa, deve ser o lugar onde você pode ter relaxamento, serenidade e paz. É um lugar onde você evita os aborrecimentos damonotonia no seu cotidiano. Depois de criar um quarto minimalista, você terá um local perfeito para um descanso bem merecido.

Recomeçar
Já que seu quarto deve ser um lugar de conforto e descanso, seria óbvio que deveria ser um lugar desimpedido. Além de relaxar seu corpo, também deve relaxar sua mente. Mantê-lo organizado ajuda a relaxar os dois.

Primeiro, você deve dedicar alguns instantes para visualizar seu quarto ideal. Imagine cada detalhe como se fosse um layout de revista: os cobertores, a iluminação, a cor dos lençóis, o piso, etc. Imagine em que estado de espírito você gostaria de descansar toda noite. Como você está adotando uma abordagem minimalista, acho que não é uma imagem caótica que você está imaginando.

Para começar de novo, tire tudo do quarto, exceto a cama. Esta peça de mobiliário é necessária para o quarto, uma vez que serve ao propósito de dormir. Da mesma forma, mantenha qualquer coisa grande que você definitivamente vá manter em seu quarto como uma cômoda ou um armário. Em seguida, desmonte-o,deixando só o essencial. Remova qualquer coisa sem a qual você pode normalmente dormir sem. Limpetudo e coloqueemoutrasalaporenquanto.

Suggestion note: Original sentence in English:Then, strip it down to its bare bones. Remove anything that you feel you can sleep, at least normally, without.

For a clearer message, I suggest changing to:Then disassemble it, leaving only the essentials. Remove anything that you feel you can sleep, at least normally, without.

Depois de remover o que não é essencial para o quarto, deite-se na cama. Você sentiráque o quarto está mais aberto, mais relaxante e que é um melhor lugar para dormir. Você notará que pode respirar e limpar a mente facilmente e descansar em paz. É assim que você deve se sentirem seu quarto.

Suggestion note: Original sentence in English:You'll notice that it feels more open, more relaxing, and better place to sleep.

For a clearer message, I suggest changing to:You will feel that the room is more open, more relaxing and that it is a better place to sleep.

Suggestion note2: Original sentence in English:That is how a bedroom should feel.

For a clearer message, I suggest changing to:This is how you should feel in your bedroom.

Tesouro, Transferência ou Lixo
Primeira ordem de trabalhos: crie as suas pilhas de Tesouros, Transferência e Lixo. Depois disso, deveráser mais fácil para

classificar o material que você retirou do seu quarto, principalmente aqueles que são basicamente essenciais para dormir.

Suggestion note: Original sentence in English:After that, it should be easy to sort through your bedroom stuffs, particularly those concerning basic sleeping essentials.

For a clearer message, I suggest changing to:After that, it should be easier to sort the material you have removed from your room, particularly those concerning basic sleeping essentials.

Provavelmente, você encontrará alguns itens que não poderão ser classificados por nenhuma de suas pilhas. Eles não são coisas que você pode descartar, e que ao mesmo tempo você também pode realocá-los; na verdade, esses são itens que você realmente gostaria de manter. No entanto, são itens que não podem ficar no seu quarto, pois não são essenciais para dormir.

Suggestion note: Original sentence in English:They aren't really materials you can dispose of yet at the same time you can also give them away;

For a clearer message, I suggest changing to:They aren't really materials you can dispose of yet at the same time you can also reallocate them;

Isso é muito comum, já que o quarto costuma servir de estoque para as coisas que freneticamente escondemos. Imagine esperar os convidados em uma hora, sua sala de estar e de jantarestão cheias de coisas e no entanto parece que as coisas para colocar no lugar não acabam. Um quarto pode parecer um lugar perfeito, pode-se pensar, e este é frequentemente o caso.

Quando este dilema surgir, sinta-se livre, então, para redefinir sua pilha de transferência para uma pilha de "transferência para outra sala" onde você pode guardar as coisas que foram colocadas erroneamente ao invés de jogá-las fora. No entanto, lembre-se de que os itens que você move têm um lugar e função corretos em algum lugar. Caso contrário, você só acabaria movendo lixo de sala em sala.

Colocando tudo em seu lugar

Para um quarto ser calmo e sereno, cada item deve ser colocado em um local adequado. A organização de itens anda de mãos dadas com o minimalismo, já que você pode manter as coisas em ordem, o que permite que você veja o quanto você realmente acumula.

As zonas dos quartos podem ser facilmente definidas - você precisará de um espaço para dormir e outro para se vestir. Naturalmente, você também pode adicionar outra área de preparação, desde que não ocupe muito espaço. A área para dormir e se arrumar é também conhecida como seu "círculo íntimo", onde você pode colocar seus itens essenciais todos os dias. Este é o lugar para exibir seus óculos, itens de higiene pessoal, despertador, etc. Lembre-se, porém, de que eles devem ser mantidos em local apropriado e não espalhados pelo quarto, pois pode ser desagradável ver um quarto em desordem logo antes de dormir.

O "círculo externo" do seu quarto é aquele em que você armazena itens que podem e podem ser usados no seu quarto. No entanto, embora possam manter itens prontamente disponíveis neste círculo externo, eles ainda devem passar por suas pilha de Lixo, Tesouro ou Transferência, ou pelo menos devem ser usados uma vez por ano, caso contrário, não seria necessário para o seu quarto. Armários, fendas, cantos e gavetas são partes do seu círculo externo onde você pode armazenar itens que são necessários para a manutenção do seu quarto, embora não sejam usados todos os dias.

Mantenha as superfícies limpas

A superfície mais importante do quarto é a cama. Portanto, deve ser mantida arrumadao tempo todo, sem "mas" e "porém"! E sendo sua cama uma superfície funcional, deve ser lembrado que não precisa conter acessórios decorativos. Se houver algum não essencial para a cama, tente mantê-lo ao mínimo.

Uma dica de hotéis de luxo: as camas são feitas apenas de panos de linho brancos e limpos. É um paraíso para relaxar e para um retiro minimalista! Sua cama também não deve servir como superfície principal para outras atividades que não envolvam o sono, como dobrar roupas outrabalhar. Se isso acontecer, limpe a superfície imediatamente depois de usá-la.

No entanto, a cama não é a única superfície do seu quarto. Mesinhas de cabeceira, cômodas, penteadeiras e mesas também são superfícies que devem sempre ser mantidas limpas, o que é outro grande motivo para manter os móveis em quantidade mínima. Lembre-se sempre de limpar as superfícies e só coloque sobre eles os itens necessários para o uso diário ou que sirvam ao propósito da superfície.

Por último mas não menos importante, limpe o chão. Não deixe uma pilha de livros ou roupas se acumular enquanto você estava ocupada limpando outras superfícies.

Módulos

Se você não tem um armário com prateleiras em outro lugar da casa, use módulos no quarto para guardar sua roupa de cama extra. Os recipientes plásticos para armazenamento debaixo da cama são perfeitos para guardar lençóis, fronhas e cobertores adicionais. Mantenha-os separados de acordo com a estação, para que você não precise vasculhar flanelas e colchas pesadas para encontrar seus lençóis de verão mais legais. Faça o mesmo para cada quarto da sua casa; guarde os lençóis dehóspedes escondidos em suas respectivas camas, em seus próprios módulos. Cada pessoa tem acesso imediato e fácil à sua própria cama, e você evita a bagunça que pode resultar quando todos estão empilhados em uma prateleira.

Além disso, consolidar seus lençóis permite que você veja o quanto você tem. Os lençóis parecem se multiplicar quando não estamos olhando. De vez em quando, compramos um novo conjunto - porque queremos um novo visual, nossos antigos estão ficando decaídos, ou os hóspedes estão a caminho - com pouca atenção para aqueles que já possuímos. Os antigos são relegados a uma pilha "por via das dúvidas", e nossa coleção cresce a cada ano que passa. Quando você reunir todos eles juntos, pode ser surpreendente descobrir quantos você possui! Colocá-los em módulos fornece uma oportunidade maravilhosa para abatê-los em uma quantidade razoável.

Limitações

Use limites liberalmente no quarto, para criar e manter uma atmosfera serena. Quanto menos desordem você ver, mais calma você vai se sentir - o que pode muito bem fazer a diferença entre um sono inquieto ou tranquilo.

Primeiro de tudo, limite a mobília que você tem no quarto. Só porque um conjunto de quarto tem seis peças iguais, não significa que você tenha que comprar (ou manter) todas elas. Em vez de colocar todo o conjunto na sala, selecione apenas as peças de que você realmente precisa. Limite de assentos (como cadeiras ou bancos) ao número de ocupantes que compartilham o quarto e limite o armazenamento de roupas (como armários ou armários) a um por pessoa. Este último se destina à um guarda-roupa mais simplificado, bem como um quarto mais espaçoso. Limitar o conteúdo do seu mobiliário ajuda a limitar o mobiliário em si.

Em segundo lugar, limite as coisas visíveis. Por exemplo, não guarde mais de três itens em sua mesa de cabeceira ou em cima de sua cômoda. Tal estratégia destaca itens decorativos e deixa muito espaço para itens funcionais. Não deixe que o vaso bonito ou a foto emoldurada em sua cômoda, competir por atenção com uma pilha de revistas ou frascos de spray para cabelo. Da mesma forma, não crie uma situação em que você vai derrubar bugigangas ao tentar desligar o alarme da soneca.

Se um item entra, outro sai

Ao organizar seu quarto, assuma o controle sobre o material que flui por ele. Você não quer purgar dez itens e depois descobrir que já acumulou o dobro disso. De agora em diante, certifique-se de que um item antigo saia sempre que um novo item for inserido.

Conjuntos de roupa de cama requerem vigilância especial. Por algum motivo, quando compramos um novo conjunto de lençóis, cobertor, colcha ou edredom, muitas vezes relutamos em jogar fora o velho. A compulsão de manter a roupa de cama extra parece estar ligada aos nossos genes. Talvez tenhamos medo de perdermos a energia no meio do inverno e precisarmos empilhá-la para nos mantermos aquecidos; ou imaginamos que uma dúzia de convidados noturnos aparecerão inesperadamente à nossa porta; ou achamos que serão úteis na próxima vez em que nos mudarmos, pintarmos ou fizermos um piquenique. No entanto, nós racionalizamos, há tantos lençóis que nunca precisaremos; e segurá-los para alguma situação hipotética no futuro está ocupando algum espaço muito real agora. Atenha-se à regra do um item entra, outro sai, e da próxima vez que você adquirir roupa de cama nova, doe a antiga - e pense no calor e conforto que você está oferecendo generosamente a outra pessoa.

Aplique o mesmo princípio a qualquer coisa que entre no quarto e torne isso muito mais fácil.

Reduza a quantidade de coisas

Suggestion note: Original sentence in English:Narrow Things Down

For a clearer message, I suggest changing to:Reduce things amount

Reduzir é um dos meus passos favoritos, porque é aí que começa a verdadeira diversão minimalista! Eu sempre discordei um pouco de seguir padrões à risca, e quebrando as regras de propriedade de consumo (ou de decoração) é a minha pequena maneira de "desobediência civil"

Em nenhum lugar isso é mais divertido, ou socialmente aceitável, do que no quarto!

Suggestion note: Original sentence in English:"Narrow it down" is one of my favorite steps, because that's where the real minimalist fun begins!

For a clearer message, I suggest changing to:Shrinking is one of my favorite steps, because that's where the real minimalist fun begins!

Suggestion note: Original sentence in English: I've always had somewhat of an anti-establishment streak, and breaking the rules of consumer (or decorative) propriety is my little way of "sticking it to the man."

For a clearer message, I suggest changing to:I have always disagreed a little with following standards, and breaking with consumer rules (or decor) ownership is my small way of "civil disobedience."

Nossos quartos são nossos próprios mundos pequenos. Poucas pessoas de fora entram nesse espaço íntimo e aquelas que já nos conhecem muito bem (e presumivelmente não nos julgarão pelo nosso mobiliário, ou a falta dele). Portanto, podemos nos sentir livres para explorar nossas fantasias minimalistas aqui, sem levar em conta as normas sociais. Isso parece divertido, não é? Na sua sala de estar, pode ser difícil alocar os convidados no chão; mas no seu quarto, ninguém sabe (ou se importa) se você está dormindo nele.

Suggestion note: Original sentence in English: In your living room, it may be awkward to seat guests on the floor;

For a clearer message, I suggest changing to:In your living room, it may be awkward to allocate guests on the floor;

Procure maneiras de minimizar seus lençóis também. Pergunte se é necessário ter roupas de cama de inverno e de verão separadas; na maioria dos climas, o algodão simples será suficiente durante todo o ano. Da mesma forma, escolha um edredom que funcione em todas as estações; descarte o veludo pesado, por exemplo, em favor de algo mais versátil.

Ao fazer escolhas sábias, você pode reduzir o conteúdo de seu armário de roupas sem sacrificar o conforto. Em vez de estocar lençóis para um exército, reduza sua coleção ao essencial - sejam dois conjuntos por cama ou apenas um. Se você não tem visitantes frequentes durante a noite, seus lençóis de hóspedes podem ser duplicados como seu conjunto de backup.

Manutenção

O quarto pode não ter o mesmo tráfego que outras partes da casa; no entanto, ainda precisa de manutenção diária para mantê-lo limpo e ordenado.

Primeiro passo: faça a cama todos os dias! Essa ação simples leva apenas alguns minutos, mas pode transformar completamente o quarto e definir o tom do seu dia. Uma cama feita é um dos pequenos luxos da vida, convidando você a entrar e relaxar após um dia de trabalho duro. Além disso, exala calma e ordem, e é uma poderosa influência para manter o quarto limpo e arrumado. Quando a cama é desfeita, uma bagunça no resto do quarto não parece fora do lugar; tudo parece um desastre. Em contraste, quando sua cama está arrumada, a desordem não tem camuflagem e é muito menos provável que se acumule.

Em segundo lugar, monitore o quarto para "hóspedes" não convidados. Como ainda é um espaço particular, algumas coisas ainda conseguem entrar sorrateiramente (geralmente nos braços de outros membros da família). Se você pegar o brinquedo do seu filho ou a raquete de tênis do seu cônjuge escondida no canto, não o deixe onde está, coloque-o novamente no lugar a que ele pertence. Da mesma forma, quando você terminar de ler esse romance misterioso ou assistir a sua comédia romântica favorita em DVD, não deixe ele "fixar residência" ao lado da cama. A menos que você mantenha uma estante de livros no seu quarto, devolva-a ao módulo apropriado na sala de estar ou no escritório. Limpe o quarto antes de fechar os olhos e você acordará com um espaço maravilhoso e sereno todas as manhãs!

Suggestion note:Original sentence in English: If you catch your toddler's stuffed toy or spouse's tennis racket lurking in the corner, don't invite it to stay the night- boomerang it right back where it belongs.

For a clearer message, I suggest changing to:If you pick up your child's toy or your spouse's tennis racket hidden in the corner, do not leave it where it is, put it back where it belongs.

Capítulo 10 - Conclusão

Por um bem maior

Algo maravilhoso acontece quando nos tornamos minimalistas: nossos esforços se propagam para produzir uma mudança positiva no mundo. Toda vez que decidimos contra uma compra frívola, nos contentamos com algo que já temos ou pedimos emprestado a um amigo em vez de comprar, é como presentear o planeta (e o resto de seus habitantes). O ar será um pouco mais limpo, a água um pouco mais limpa, as florestas um pouco mais cheias, os aterros um pouco mais vazios. Podemos ter abraçado o minimalismo para economizar dinheiro, economizar tempo ou economizar espaço em nossas casas, mas nossas ações têm benefícios muito maiores: eles salvam a Terra dos danos ambientais e salvam as pessoas de condições de trabalho injustas (e inseguras). Nada mal por querer alguns armários limpos, né?

Nosso consumo tem um custo ambiental e humano. Há uma história por trás de cada item nas prateleiras dos varejistas: os recursos naturais usados em sua produção e distribuição, as pessoas envolvidas em sua fabricação, as consequências ambientais de sua disposição. Antes de comprar, devemos considerar todo o ciclo de vida de um produto, para garantir que sua compra não cause mais danos do que benefícios. Com isso em mente, vamos discutir alguns hábitos minimalistas que podemos cultivar - não apenas para aliviar nossa carga pessoal, mas para aliviar nossa pegada no planeta e conservar sua generosidade para as gerações futuras.

Todo mundo tem suas próprias razões para abraçar um estilo de vida minimalista. Talvez você tenha pegado este livro porque suas gavetas estão cheias, seus quartos estão desordenados e seus armários estão cheios. Talvez você tenha percebido que fazer compras no shopping e adquirir coisas novas não está fazendo você feliz. Talvez você esteja preocupado com os efeitos do seu consumo no meio ambiente e com medo de que seus filhos e netos não tenham o ar limpo e a água que deveria ser seu direito natural.

Espero que o conselho nestas páginas tenha inspirado você a organizar sua casa, simplificar sua vida e viver um pouco mais leve na Terra. É uma mensagem que você não vai ouvir com frequência em uma sociedade "mais é melhor"; na verdade, você quase sempre ouvirá o contrário. Em todos os lugares em que nós voltamos, somos encorajados a consumir por comerciais, revistas, outdoors, rádio e anúncios em ônibus, bancos, prédios, banheiros e até em nossas escolas. Isso porque os meios de comunicação tradicionais são amplamente controlados por pessoas que lucram quando compramos mais coisas.

O Estilo de Vida Minimalista

Praticar um estilo de vida minimalista às vezes pode parecer que você está nadando contra o rio. Você encontrará pessoas que se sentem ameaçadas por qualquer desvio do status quo; eles dirão que você não pode viver sem um carro, uma televisão ou um conjunto completo de mobília da sala de estar. Eles afirmam que você não será bem-sucedido se não comprar roupas de grife, os mais recentes aparelhos eletrônicos e a maior casa que puder comprar. Eles podem até dizer que você é antipatriótico e uma ameaça à economia nacional, se você não consome sua capacidade total.

Não acredite. Todos nós sabemos que a qualidade de vida não tem nada a ver com bens de consumo, e "coisas" não são uma medida de sucesso. Uma economia sustentável tem benefícios mais amplos do que um crescimento desenfreado; e você pode apoiar seu país de forma muito mais eficaz participando de assuntos comunitários e cívicos do que fazendo compras no shopping.

E não se preocupe, você não está sozinho. Olhe para além da "grande mídia" e você encontrará muitas almas afins. De fato, mencione de improviso ao seu colega ou vizinho que você está "reduzindo o tamanho de suas posses", e provavelmente será recebido com um suspiro profundo e um comentário sobre o efeito de "Eu gostaria de fazer isso também". Depois dos excessos econômicos das últimas décadas, há uma crescente desilusão com o consumismo e uma onda de interesse em viver vidas mais simples e significativas.

A Internet, em particular, é um tesouro de informações e suporte. Nos últimos anos, o número de blogs e sites sobre a vida minimalista, simplicidade voluntária e design de estilo de vida alternativo aumentou exponencialmente. Se você está procurando conselhos sobre como limpar seus armários, imaginando como é desconectar a TV, ou sonhando em vender todas as suas coisas e viver com uma mala, você encontrará outras pessoas que estiveram lá, fizeram isso e estão compartilhando suas experiências. Considere participar de um fórum de discussão sobre o tópico; É uma ótima maneira de se conectar com os colegas minimalistas, trocar as técnicas de organização e encontrar inspiração e motivação para continuar no caminho.

Uma vez que você tenha saído do status quo, você sentirá uma maravilhosa sensação de calma e serenidade. Quando você ignora propagandas e minimiza seu consumo, não há razão para esperar por itens, nenhuma pressão para comprá-los e nenhum estresse para pagar por eles. É como pegar uma varinha mágica e eliminar uma série de preocupações e problemas de sua vida. Você não se importa mais com a bolsa de mão, os modelos de carros mais recentes ou a mais nova tendência em armários de cozinha - muito menos ter qualquer desejo de trabalhar mais horas, ou maximizar seus cartões de crédito, para adquiri-los.

Com a vida minimalista, vem a "liberdade" - liberdade da dívida, da desordem e da busca desenfreada por dinheiro e poder. Cada coisa estranha que você elimina da sua vida - seja um item não utilizado, uma compra desnecessária ou uma tarefa insatisfatória - parece um peso tirado de seus ombros. Você terá menos tarefas para executar e menos para comprar, pagar, limpar, manter e garantir. Você se sentirá livre e despreocupado: pode progredir e buscar oportunidades, sem se preocupar com todas as suas coisas. Além disso, quando você não está perseguindo símbolos de status ou acompanhando os Jones, ganha tempo e energia para atividades mais gratificantes: como brincar com seus filhos, participar de sua comunidade e refletir sobre o significado da vida.

Essa liberdade, por sua vez, proporciona uma fabulosa oportunidade para a autodescoberta. Quando nos identificamos com as marcas e nos expressamos através de itens materiais, perdemos a noção de quem somos. Usamos bens de consumo para projetar uma certa imagem de "nós mesmos" comprando uma persona, em essência, para mostrar ao resto do mundo. Começamos a pensar em nós mesmos como o cara que usa Gucci, a mulher que ama Tiffany, o homem que dirige um Mercedes. Além disso, estamos tão ocupados "lidando com coisas, correndo para lá e para cá, comprando isso e aquilo" que encontramos pouco tempo para parar e explorar o que realmente nos motiva.

Quando nos tornamos minimalistas, retiramos todo o excesso - as marcas, os símbolos de status, as coleções, a desordem - para descobrir nossos verdadeiros eus. Nós tomamos o tempo para contemplar quem somos, o que achamos importante e o que nos faz verdadeiramente felizes. Nós emergimos de nossos casulos de consumismo e estendemos nossas asas como poetas, filósofos, artistas, ativistas, mães, pais, cônjuges, amigos. Mais importante, nós nos redefinimos: pelo que fazemos, pelo que pensamos e amamos, e não pelo que compramos.

Há uma antiga história budista sobre um homem que visitou um mestre zen, em busca de orientação espiritual. Em vez de ouvir, no entanto, o visitante falava principalmente de suas próprias ideias. Depois de um tempo, o mestre serviu chá. Ele encheu a xícara do visitante e continuou derramando enquanto derramava sobre a mesa. Surpreso, o visitante exclamou "que a taça estava cheia" e perguntou por que ele continuou derramando quando nada mais caberia! O mestre explicou que, assim como a taça, o visitante já estava cheio de suas próprias ideias e opiniões - e que ele não conseguiria aprender nada até que sua xícara estivesse vazia.

Sua classificação e suas recomendações diretas farão a diferença

Classificações e recomendações diretas são fundamentaispara o sucesso de todo autor. Se você gostou deste livro, deixe uma classificaÃ§Ã£o, mesmo que somente uma linha ou duas, e fale sobre o livro com seus amigos. Isso ajudará o autor a trazer novos livros para vocêe permitirá que outras pessoas também apreciem o livro.

Seu apoio é muito importante!

www.ingramcontent.com/pod-product-compliance
Lightning Source LLC
Chambersburg PA
CBHW071848070526
44583CB00016B/1600